COMO ESCREVER PARA LEITORES APRESSADOS

Todd Rogers   Jessica Lasky-Fink

COMO ESCREVER PARA LEITORES APRESSADOS

MENOS É MAIS
FACILITE A LEITURA
TORNE A NAVEGAÇÃO FÁCIL
FORMATE SEM EXAGERO
EXPLIQUE POR QUE É IMPORTANTE
FACILITE A RESPOSTA

- Os autores e a editora se empenharam para citar adequadamente e dar o devido crédito a todos os detentores de direitos autorais de qualquer material utilizado neste livro, dispondo-se a possíveis acertos posteriores caso, inadvertida e involuntariamente, a identificação de algum deles tenha sido omitida.

- Traduzido de
  WRITING FOR BUSY READERS: COMMUNICATE MORE EFFECTIVELY IN THE REAL WORLD, First Edition
  Copyright © 2023 by Todd Rogers, PhD, and Jessica Lasky-Fink, PhD
  All Rights Reserved.
  ISBN: 9780593187487
  Imagens: págs. 18, 19, 21 e 128 por Macrovector/Shutterstock; pág. 120 por popicon/Shutterstock; págs. 41 e 112 por Vladyslav Horoshevych/Shutterstock; págs. 40 e 111 por Christian Delbert/Shutterstock; pág. 166 por Reddit; pág. 208 por Alexis Seabrook; ícone de documentos na pág. 211 por porcelaniq/Shutterstock; ícone de navegação na página 211 por keenani/Shutterstock; ícone de baú do tesouro na pág. 212 por Cube29/Shutterstock; ícone de tablet e celular na pág. 212 por Blan-k/Shutterstock.

- Direitos exclusivos para o Brasil para a língua portuguesa
  Copyright da edição brasileira ©2025 by
  Benvirá, um selo da SRV Editora Ltda.
  Uma editora integrante do GEN | Grupo Editorial Nacional
  Travessa do Ouvidor, 11
  Rio de Janeiro – RJ – 20040-040

- **Atendimento ao cliente: https://www.editoradodireito.com.br/contato**

- Reservados todos os direitos. É proibida a duplicação ou reprodução deste volume, no todo ou em parte, em quaisquer formas ou por quaisquer meios (eletrônico, mecânico, gravação, fotocópia, distribuição pela Internet ou outros), sem permissão, por escrito, da **SRV Editora Ltda**.

- Capa: Tiago Fabiano Dela Rosa
  Diagramação: Adriana Aguiar

- **DADOS INTERNACIONAIS DE CATALOGAÇÃO NA PUBLICAÇÃO (CIP)
  VAGNER RODOLFO DA SILVA – CRB-8/9410**

  R724c Rogers, Todd
  Como escrever para leitores apressados / Todd Rogers, Jessica Lasky-Fink; tradução de Laura Folgueira. – 1. ed. – São Paulo: Benvirá, 2025.

  224 p.
  Tradução de: *Writing for busy readers*
  ISBN: 978-65-5810-080-5 (impresso)

  1. Escrita. 2. Escrita eficaz. 3. Comunicação eficiente. 4. Formatação. 5. Técnicas de escrita. I. Lasky-Fink, Jessica. II. Folgueira, Laura. III. Título.

	CDD 461
2024-1382	CDU 82.08

  Índices para catálogo sistemático:
  1. Escrita   461
  2. Escrita   82.08

Para escritores apressados e leitores de todo lugar.

Sumário

Introdução 1

Parte I | Envolvendo o leitor 11

1 | Entre na mente do seu leitor 13

2 | Pense como um leitor apressado 29

3 | Conheça seus objetivos 43

Parte II | Seis princípios da escrita eficaz 47

4 | Primeiro princípio: menos é mais 49

5 | Segundo princípio: facilite a leitura 71

6 | Terceiro princípio: torne a navegação fácil 97

7 | Quarto princípio: formate sem exagero 127

8 | Quinto princípio: explique por que é importante ... 143

9 | Sexto princípio: facilite a resposta 153

Parte III | Colocando os princípios para funcionar 169

10 | Ferramentas, dicas e perguntas frequentes 171

11 | Nossas palavras, nós mesmos 197

12 | E agora? 207

Checklist 211

Agradecimentos 213

Introdução

Este é um livro que nunca planejamos escrever.

Já existem muitos livros de instruções sobre o processo de escrita. Ninguém que conhecemos, inclusive nós mesmos, normalmente pensaria em ler um livro sobre escrita. Há também algo peculiar no próprio conceito de escrever sobre escrever. Parece redundante e autorreferencial: "escrever sobre escrever" soa muito parecido com, digamos, "cantar sobre cantar". Então, aos poucos, quase sem que percebêssemos, nos convencemos de que há uma necessidade genuína de um tipo diferente de livro sobre escrita — que explique, ponto a ponto, a técnica comprovada de comunicação eficaz com qualquer destinatário, qualquer leitor. Também reconhecemos a necessidade de nos concentrarmos especificamente no leitor *apressado*, já que vivemos em uma época sem precedentes de saturação da mídia e sobrecarga de informações. Os escritores modernos precisam de ajuda extra para superar todas as distrações.

O conteúdo que você encontrará nestas páginas foi baseado em um vasto conjunto de pesquisas, muitas delas feitas por nós. Também foi influenciado por muitos anos de nossas experiências profissionais e pessoais. Todd passou uma década exercitando a ciência de escrever para leitores apressados. Nós dois trabalhamos praticando a arte de escrever para famílias apressadas. Durante a pandemia, aconselhamos líderes governamentais e regionais sobre como escrever para cidadãos apressados. Aos poucos, percebemos que alguns princípios de escrita eficaz são quase universais, mas nem todos são bem conhecidos.

Vista dessa forma, a analogia com o canto traz uma mensagem bem diferente. Cantar é uma atividade simples, que qualquer um pode exercitar, mas que a maioria de nós não faz muito bem. Os grandes cantores aprendem não apenas ouvindo os outros e fazendo análises subjetivas e estéticas. Eles treinam e se aperfeiçoam seguindo técnicas bem desenvolvidas que se baseiam em estudos objetivos de anatomia, acústica e percepção humana. O mesmo acontece com a escrita.

Hoje, sabemos o que acontece dentro do cérebro de um leitor apressado. Sabemos como os olhos de um leitor se movem em reação a diferentes estímulos. Sabemos por que determinados tipos de textos atraem o foco do leitor, enquanto outros tendem a se perder na névoa da distração e da disputa pela atenção. Escrevemos este livro para compartilhar essas percepções importantes que podem mudar sua vida. É um guia sobre a ciência da escrita para que pessoas apressadas leiam e reajam.

O caminho da ideia à ação

Os princípios deste livro se aplicam a todos, porque todos nós somos escritores.

Cada vez mais, nossa vida é conduzida por meio de mensagens de texto, e-mails e outras formas de mensagens digitais. Tudo isso se sobrepõe aos tipos mais antigos de escrita prática, como relatórios administrativos, atualizações escolares, formulários de registro, boletins informativos e notificações. Esses tipos de comunicação prática, em geral, requerem que os leitores executem uma tarefa ou se envolvam com alguma informação. Às vezes, queremos que os leitores entendam detalhes sobre planos futuros, cronogramas de vacinação, divulgações ou mudanças de políticas. Outras vezes, precisamos que tomem uma atitude, como dar um *feedback*, responder a uma pergunta, preencher um formulário ou agendar uma reunião.

Talvez você não se considere um escritor, mas pense no seguinte: já houve um dia em que não escreveu nada? Uma mensagem de texto é um tipo de escrita. Um e-mail de trabalho é uma forma de escrita. Uma publicação no Facebook ou um tuíte é uma escrita. Uma atualização no Slack é escrita. Até mesmo uma lista de tarefas na geladeira é uma forma de escrita — nesse caso, uma mensagem para o seu eu futuro e apressado. Todas essas coisas são mais eficazes se forem escritas levando em conta a forma como as pessoas apressadas leem. São modos de comunicação praticamente inevitáveis na vida moderna, e é por isso que dizemos que *somos todos escritores*. Também podemos afirmar que *todos nós somos leitores*. Assumimos os dois papéis. E, atualmente, a maioria de nós pode se considerar um leitor *apressado*, confrontado com muitas demandas conflitantes de tempo.

A escrita eficaz torna a vida mais fácil, mais agradável e mais produtiva, tanto para o escritor quanto para o leitor. É um poder — um poder quase mágico de transmitir um pensamento ou um objetivo da sua cabeça para a cabeça de outra pessoa e, em seguida, incentivá-la a agir em resposta. Rompe a nuvem de distração que cerca as pessoas apressadas. E é algo que qualquer um pode fazer. Depois que você conhecer os princípios por trás da escrita eficaz, esse poder será seu.

Este livro definirá os seis princípios fundamentais da escrita eficaz e trará orientações sobre como colocá-los em prática. Mas, primeiro, queremos esclarecer o que é a escrita eficaz e por que ela é uma habilidade tão importante, mas tão mal compreendida.

- *A escrita eficaz tem um propósito bem definido.* É também como você convence outras pessoas a fazer o que você quer que elas façam, seja ler um memorando, escolher o restaurante onde você vai almoçar ou se inscrever para ser voluntário em um evento comunitário. Uma escrita eficaz atinge o leitor, mesmo o leitor apressado cujo objetivo talvez seja parar de ler e seguir em frente o mais rápido possível. Se você perder o leitor, a culpa não é dele; é seu trabalho como escritor captar a atenção dele e mantê-lo envolvido.
- *A escrita eficaz ajuda tanto o escritor quanto o leitor.* A maioria de nós escreve por motivos práticos dezenas — talvez centenas — de vezes por semana. Portanto, deveríamos ser bons nisso, certo?

Acontece que somos muito piores na escrita prática do que pensamos. Com muita frequência, nossas mensagens ficam sem resposta. Recebemos respostas atrasadas ou incompletas. Diálogos aparentemente simples tornam-se complicados e confusos. Os princípios da escrita eficaz ajudam você a transmitir seu ponto de vista de forma mais clara e rápida, para que as coisas aconteçam quando você quiser. Ser claro com suas palavras também o obriga a ser claro em seu próprio pensamento. Isso faz com que suas ideias e seus objetivos fiquem mais nítidos.

- *A escrita eficaz não é igual ao que se considera uma escrita bela.* A escrita expressiva e literária é uma arte consagrada pelo tempo, mas altamente subjetiva, que pode levar uma vida inteira para ser dominada. Costuma ser consumida como forma de recreação por pessoas que têm tempo e que já decidiram deixar de lado outras tarefas para se entregar à leitura. Muitas vezes, a beleza da escrita é intencionalmente exigente e multifacetada. A escrita eficaz, por outro lado, é uma habilidade que qualquer um pode dominar e tem um objetivo muito específico: transmitir com clareza informações específicas a pessoas apressadas e facilitar sua compreensão e uma resposta.

- *Há uma ciência rigorosa intrínseca às regras da escrita eficaz.* Podemos discutir incessantemente para definir qual tipo de escrita é mais bonito, mas a escrita eficaz não é tão subjetiva. Existem estratégias bem definidas, baseadas na ciência da cognição humana, que orientam como ser um escritor mais eficaz. Analisamos centenas de estudos científicos e pesquisamos para ver o que funciona. Também tiramos lições de nossas duas carreiras como escritores e comunicadores. Este livro codifica todo esse conhecimento em um conjunto de princípios criados para ser aplicáveis a todas as formas de comunicação prática.

- *A escrita eficaz é lida em contexto.* Nossos seis princípios de escrita eficaz (e as regras de aplicação associadas a cada um deles) podem ajudar qualquer um a se tornar um escritor mais eficaz e a se comunicar com mais clareza com um leitor apressado. A ciência intrínseca é a mesma em todas as situações. Entretanto, a maneira de colocar os princípios em ação dependerá muito do contexto. Cada escritor tem uma voz e uma experiência de vida diferentes; cada leitor tem expectativas, suposições e preconceitos diferentes. Em cada seção do livro, discutiremos as considerações contextuais que todos nós enfrentamos no mundo real.

Viver melhor por meio da escrita eficaz

Quando foi a última vez que você esperou dias (ou semanas, meses…) por uma resposta a um e-mail importante que enviou? Todos nós já passamos por isso. Todo mundo está ocupado, e, conscientemente ou não, as pessoas ocupadas estão sempre avaliando onde e como devem gastar seu tempo limitado. Agora, pense no último e-mail denso e com vários parágrafos que você recebeu. Quanto tempo gastou lendo-o? Para a maioria de nós, a resposta é "apenas alguns segundos", se é que tentamos lê-lo. Pessoas ocupadas tendem a passar os olhos, adiar a leitura de mensagens complexas ou ignorá-las totalmente.

Uma escrita ineficaz pode levar a problemas reais. Às vezes, é uma questão de oportunidade perdida. Em dezembro de 2020, o Airbnb fez sua estreia pública no mercado de ações. Antes da abertura de capital, todos os anfitriões do Airbnb receberam um convite por e-mail para comprar ações.[1] O convite por e-mail foi enviado com um assunto aparentemente mundano e sem importância: "Programa de Ações Direcionadas do Airbnb". Muitos anfitriões relataram ter ignorado ou deixado de lado o e-mail porque não parecia de fato urgente. Aqueles que leram e aproveitaram a oportunidade ganharam mais de 15 mil

---

1. Bobby Allyn, "They ignored or deleted the email from Airbnb. It was a $15,000 mistake", *npr.org*, 12 dez. 2020, https://www.npr.org/2020/12/12/945871818/they-ignored-or-deleted-the-email-from-airbnb-it-was-a-15-000-mistake.

dólares. O Airbnb e seus anfitriões aprenderam da maneira mais difícil que é provável que as mensagens não sejam lidas quando são escritas sem um foco aguçado no modo como os leitores apressados leem.

No entanto, como escritores, é fácil esquecer essa realidade atribulada. Quando escrevemos, muitas vezes, acreditamos que nossos leitores acharão nossas mensagens tão importantes para eles quanto são para nós e que darão a devida atenção a elas.

Uma escrita ineficaz também pode ocultar informações importantes no âmbito pessoal, como notícias sobre mudanças no plano de saúde da empresa ou uma oportunidade de ser voluntário em uma feira da escola onde o filho estuda. Uma pessoa comum recebe dezenas ou até centenas de comunicados — e-mails, mensagens de texto, entre outros — todos os dias, e um profissional comum passa quase um terço de sua semana de trabalho lendo e respondendo a e-mails.[2] Esses números não levam em conta todas as outras comunicações que os profissionais recebem fora do local de trabalho. Para leitores apressados, lidar com essa torrente de informações e mensagens é como viver em um jogo interminável de Whac-A-Mole.[3] Atualizações altamente relevantes sobre saúde e vida escolar podem ser ignoradas ou excluídas sem querer.

Mesmo quando as comunicações escritas de forma ineficaz *são* lidas, elas são um encargo cruel sobre o tempo dos leitores. Em um evento que realizamos recentemente sobre esse tema, um participante escreveu: "e-mails longos no ambiente de trabalho atual [são] uma falta de respeito com o leitor". Quanto mais longa a mensagem, maior o encargo. Imagine que você receba 120 e-mails por dia (como muitas

---

2. Michael Chui, James Manyika, Jacques Bughin, Richard Dobbs, Charles Roxburgh, Hugo Sarrazin, Geoffrey Sands e Magdalena Westergren, *The Social Economy: Unlocking Value and Productivity through Social Technologies* (s.l.: McKinsey Global Institute, 2012).

3. N. da E.: Whac-A-Mole é um jogo formado por uma superfície com buracos nos quais toupeiras ficam escondidas. Elas emergem rapidamente dos buracos de forma aleatória, e o jogador deve atingi-las com um martelo de plástico antes que se escondam novamente.

pessoas recebem) e que cada um tenha três parágrafos. Para lê-los na íntegra, seria necessário reservar quatro horas por dia. Ou inverta a situação e imagine que você esteja enviando uma mensagem de três parágrafos para todos os 120 funcionários da sua organização. Você delibera sobre cada palavra; seu professor de redação do ensino médio ficaria muito orgulhoso. Mas cada funcionário leva, em média, dois minutos para ler o que você escreveu. Num total de 120 funcionários, sua mensagem cuidadosamente elaborada imporá um encargo de tempo de quatro horas. Se você reduzir a extensão da mensagem em apenas um parágrafo, economizará oitenta minutos do tempo total dos funcionários.

E fica pior: a escrita ineficaz pode dissuadir todos os leitores, sobretudo aqueles com alfabetização limitada, que não são nativos do seu idioma, que têm dificuldades de aprendizado, que têm tempo limitado em virtude de múltiplos empregos e circunstâncias pessoais desafiadoras ou que enfrentam outras barreiras significativas para ler e compreender comunicações escritas. Em resumo, a escrita eficaz é mais acessível, mais igualitária e mais democrática.

Nos Estados Unidos, plebiscitos costumam usar uma linguagem complexa e pouco clara, como esta pergunta de um plebiscito de 2016 do Colorado:[4]

> *Deve haver uma emenda à constituição do Colorado referente à remoção da exceção à proibição da escravatura e da servidão involuntária quando usada como punição para pessoas devidamente condenadas por um crime?*

Um voto *sim* nessa iniciativa significa que apoiamos o uso da escravidão como punição ou não? (Acreditamos que *sim* significa que nos opomos ao uso da escravidão como punição — mas, sinceramente, é

---

4. Nos Estados Unidos, os plebiscitos permitem que os cidadãos de alguns estados votem diretamente em novas leis ou emendas constitucionais.

difícil ter certeza.) Agora, imagine como seria difícil para os eleitores que falam inglês como segundo idioma, que têm baixa capacidade de alfabetização ou que simplesmente não têm tempo para ler, reler e reler de novo a pergunta antes de votar.

Muitos provavelmente desistiriam em vez de tentar entender o que está sendo perguntado. É exatamente o que foi concluído num estudo de 2011: os eleitores são mais propensos a ignorar as perguntas dos plebiscitos que usam linguagem mais complexa.[5] Além de diminuir a chance de as pessoas responderem aos seus e-mails, uma escrita ineficaz pode causar sérios problemas para a legitimidade de resultados eleitorais.

Como usar este livro

De acordo com nossos conselhos e nossas orientações, estruturamos este livro para ser o mais direto e eficaz possível para você, leitor apressado. No entanto, para que tire o máximo proveito dele, nós o incentivamos a pensar em seus objetivos como escritor e a entender o intuito desta obra.

Na escola, aprendemos os fundamentos da escrita formal, incluindo gramática, ortografia, pontuação e prosa adequadas. Alguns de nós, que fomos criados em sistemas escolares como o americano, começaram a aprender sobre organização e fluxo, a escolher as melhores palavras e a usar a voz no ensino fundamental. No ensino médio, aprendemos a arte da redação de cinco parágrafos e da elaboração de teses. São habilidades essenciais, mas grande parte da escrita formal que aprendemos na escola é irrelevante ou contraproducente para a escrita prática do mundo real.

Como resultado, a maioria de nós aprende a escrita prática de modo informal. Adquirimos estratégias aqui e ali, observando que algumas

---

5. Shauna Reilly e Sean Richey, "Ballot question readability and roll-off: The impact of language complexity", *Political Research Quarterly*, vol. 64, n. 1, 2011, pp. 59-67.

mensagens recebem respostas imediatas e, para outras, ficamos esperando respostas. Gramática e pontuação adequadas, frases completas e escolha apropriada de palavras são quase sempre úteis.

No entanto, se você enviar por e-mail aos líderes da sua empresa um ensaio de cinco parágrafos sobre como foi uma reunião com um cliente, é improvável que eles leiam, por mais bonita que seja a prosa. Esses estilos conflitantes — escrita formal e escrita prática — coexistem de um jeito desconfortável em nossa cabeça, e a maioria de nós nunca foi treinada para combiná-los em uma *escrita eficaz*.

Neste livro, você não encontrará lições recicladas sobre como escrever bem, como no clássico livro *The Elements of Style* [Os elementos do estilo], de Strunk e White. Também não encontrará listas simplistas e inflexíveis de regras de escrita, como em alguns dos livros de instruções mais modernos sobre escrita eficiente (em vez de eficaz). Em vez disso, nossos princípios derivam das ciências da psicologia e do comportamento humano, combinadas com uma compreensão de que a maioria das pessoas tem tempo e atenção limitados no âmbito social.

A escrita eficaz reflete uma compreensão científica do modo como os leitores apressados interagem com nossa escrita. Este livro foi escrito com essa interação em mente. Para destilar a ciência, analisamos pesquisas em psicologia cognitiva, psicologia social, economia comportamental, neurociência, comunicação, alfabetização, ensino e aprendizagem, marketing, gestão de tempo e muito mais. Também fizemos centenas de experimentos aleatórios com colaboradores para entender o que funciona e o que não funciona.

Os experimentos aleatórios têm início com um grande grupo de pessoas. Em um deles, típico, algumas pessoas (o "grupo de controle") são selecionadas aleatoriamente para receber uma mensagem-padrão, enquanto outras (o "grupo experimental") são selecionadas também aleatoriamente para receber a mensagem-padrão com uma revisão ou alteração específica. Em seguida, observamos a fração de cada grupo que faz o que a mensagem foi projetada para levar as pessoas a fazer:

responder, clicar em um link, comparecer a um evento, fazer uma doação e assim por diante. Ao selecionar de forma aleatória quais participantes recebem cada mensagem, podemos isolar o efeito da revisão específica sobre o comportamento. Toda a orientação que oferecemos neste livro vem desses tipos de estudos. Observe, no entanto, que os experimentos aleatórios podem fornecer apenas uma visão geral do comportamento humano. Eles revelam tendências em grupos, mas não podem prever o comportamento individual. Portanto, esses experimentos são ferramentas altamente valiosas, o padrão-ouro em pesquisa para nos ajudar a entender o que funciona no mundo real.

Ao concluirmos este livro, não pudemos deixar de aplicar algumas dessas percepções psicológicas em nós mesmos. Achamos engraçado concluir que a melhor maneira de ajudar as pessoas a escrever mensagens mais curtas e eficazes era escrever um livro inteiro sobre isso. Trabalhamos arduamente para mantê-lo o mais conciso possível, mas descobrimos que uma compreensão completa não poderia ser transmitida em apenas uma breve enumeração de nossos seis princípios fundamentais. Reconhecendo essa aparente ironia, estruturamos nosso livro de forma a ser fácil de navegar por leitores apressados que pretendam pular de página em página — mas sugerimos que você o leia de cabo a rabo.

Independentemente do modo como você abordar esta obra, esperamos que ela ensine habilidades úteis, bem como a ciência esclarecedora inerente a essas habilidades. Escrever de forma eficaz ajuda os escritores a atingir seus objetivos. E nosso objetivo com este livro é ajudá-lo a atingir os seus, em tudo o que escrever.

PARTE I
Envolvendo o leitor

1

Entre na mente do seu leitor

"Por que todo mundo está tão ocupado? Pobreza de tempo é um problema em parte de percepção e em parte de distribuição."

THE ECONOMIST[1]

"Ocupado demais para notar que se está ocupado."

THE NEW YORK TIMES[2]

"Por que você aparentemente nunca tem tempo suficiente."

THE WASHINGTON POST[3]

Sabe a sensação de não ter horas suficientes no dia? É claro que sim. Todo mundo sabe. Em uma pesquisa realizada em 2018 pelo

---

1. "Why is everyone so busy?" *Economist*, 20 dez. 2014, https:// www.economist.com/ christmas-specials/2014/12/20/why-is-everyone-so-busy.
2. Alina Tugend, "Too busy to notice you're too busy", *New York Times*, 31 mar. 2007, https://www.nytimes.com/2007/03/31/business/31shortcuts.html.
3. Kira M. Newman, "Why you never seem to have enough time", *Washington Post*, 25 mar. 2019, https://www.washingtonpost.com/lifestyle/2019/03/25/why-you-never-seem-have-enough-time/.

Pew Research Center, 60% dos adultos — e 74% dos pais — nos Estados Unidos relataram que se sentem ocupados demais para aproveitar a vida pelo menos em parte do tempo.[4] Essas descobertas são consistentes com nossos estudos, nos quais 60% dos entrevistados disseram que, muitas vezes, não têm tempo suficiente para fazer tudo em um mês normal.[5] Quando nos sentimos sem tempo, geralmente tentamos fazer coisas demais de uma vez. No entanto, nossas tentativas de realizar várias tarefas ao mesmo tempo podem acabar aumentando ainda mais o estresse, a ansiedade e a fadiga.

Para ser um escritor eficaz, é preciso lembrar-se de que os leitores sentem a escassez de tempo tão intensamente quanto você. Suas distrações influenciam tanto o que eles leem quanto a forma como leem. Portanto, para entender como escrever para um leitor ocupado é preciso entender o que acontece dentro de um cérebro ocupado.

Todos nós temos tempo limitado e, por isso, temos de fazer concessões constantes, sobretudo quando estamos ocupados. Passar mais tempo em uma coisa significa necessariamente passar menos tempo em outra. Podemos responder a uma dúzia de e-mails não lidos em nossa caixa de entrada ou ir à academia, mas não podemos fazer as duas coisas. Ou podemos chegar a um meio-termo insatisfatório, respondendo a metade dos e-mails não lidos e fazendo metade do exercício. A competição incessante por nosso tempo afeta nossa capacidade de interagir com as comunicações que recebemos.

---

4. Patrick Van Kessel, "How Americans feel about the satisfactions and stresses of modern life", *Pew Research Center*, 5 fev. 2020, https://www.pewresearch.org/fact-tank/2020/02/05/how-americans-feel-about-the-satisfactions-and-stresses-of-modern-life/.
5. Pesquisa realizada com estudantes num curso de educação executiva em fevereiro de 2021. N = 160.

Além de termos um tempo limitado, também temos uma atenção limitada. Nossa capacidade mental finita restringe a maneira como navegamos pelo mundo. Podemos nos convencer de que somos capazes de nos concentrar de modo ativo em muitas coisas ao mesmo tempo (nós dois tentamos fazer isso enquanto escrevíamos este livro), mas não é verdade. Nossa atenção é inerentemente limitada. Um estudo clássico do psicólogo George Miller confirma que há um limite distinto para o número de coisas específicas que conseguimos manter de modo ativo em nossa mente ao mesmo tempo: cerca de sete itens, com margem de erro de dois para mais ou para menos.[6]

Na maioria das vezes, não temos consciência de nossos limites cognitivos. Pense no que acontece quando você está dirigindo em uma rua movimentada da cidade. Há muitos detalhes sobrepostos aos quais você precisa prestar atenção de forma simultânea para evitar um acidente (e uma multa): semáforos, outros carros, pedestres, ciclistas, sirenes próximas, limite de velocidade, buracos, leis de trânsito e muito mais. Quando alguém está aprendendo a dirigir, navegar por todos esses obstáculos exige muita atenção e muito foco. Contudo, com a prática, os processos se tornam tão automáticos que a maioria dos adultos consegue dirigir até mesmo nas cidades mais movimentadas sem muito esforço consciente.

No entanto, estudos mostram que ser multitarefa piora até mesmo o desempenho dos motoristas mais experientes; é o fenômeno do "motorista distraído". Alguns psicólogos sugeriram que falar ao celular enquanto se dirige um carro tem um efeito tão ruim quanto estar embriagado ao dirigir.[7] Essa incapacidade de fazer malabarismos com as

---

6. George A. Miller, "The magical number seven, plus or minus two: Some limits on our capacity for processing information", *Psychological Review*, vol. 63, n. 2, 1956, p. 81.
7. Jon Hamilton, "Multitasking in the car: just like drunken driving", *npr.org*, 16 out. 2008, https://www.npr.org/2008/10/16/95702512/multitasking-in-the-car-just-like--drunken-driving?storyId=95702512.

tarefas pode parecer estranha, pois a maioria dos adultos nos Estados Unidos é experiente tanto em dirigir *quanto* em falar ao telefone. As duas tarefas não deveriam ser fáceis? Por que nosso cérebro não consegue lidar com duas coisas familiares ao mesmo tempo?

A resposta está nas condicionantes de nossa atenção. Os estudiosos do cérebro identificaram diversos tipos de atenção. Para nossos propósitos aqui, "atenção" é o processo mental que nos leva a perceber o que está acontecendo e direciona e concentra nossos recursos cognitivos limitados.[8] O sistema de atenção do cérebro é o que nos leva a fazer coisas como perceber as sirenes de ambulância enquanto dirigimos, concentrar-nos atentamente durante uma aula ou ler e responder a um e-mail de trabalho urgente. A capacidade de processamento do cérebro é limitada, e isso significa que nosso sistema de atenção também tem limites.

A capacidade limitada de nosso cérebro ocupado tem três implicações; cada uma delas influencia profundamente a forma como interagimos com o mundo ao nosso redor, inclusive o que e como lemos.

- Não podemos perceber ou processar tudo o que está à nossa frente.
- Podemos esgotar nosso foco com o tempo, geralmente em menos tempo do que imaginamos.
- Temos dificuldade para nos concentrar em várias coisas ao mesmo tempo, mas ainda assim tentamos.

---

8. Nossa definição de "atenção" é mais ampla do que a típica em pesquisas acadêmicas. Especificamente, usamos "atenção" para representar uma atividade mental que pode ser canalizada em um momento discreto para perceber, direcionar e focar. Alguns dos componentes da atividade mental que incluímos em nossa definição são memória de trabalho, atenção concentrada, orientação e função executiva. Para uma revisão de como os acadêmicos pensam sobre atenção e pesquisas relacionadas aos diversos tipos de atenção, consulte Steven E. Petersen e Michael I. Posner, "The attention system of the human brain: 20 years after", *Annual Review of Neuroscience*, vol. 35, 2012, p. 73.

O que notamos e o que não notamos

Em algum momento, é comum nos depararmos com mais informações do que nosso cérebro consegue processar. Isso acontece se estivermos dirigindo em uma cidade movimentada, assistindo a um show ao vivo ou em uma reunião de trabalho no Zoom. O sistema de atenção do cérebro nos ajuda a navegar por essa sobrecarga atuando como um filtro: ele seleciona quais informações devem ser observadas e focadas e quais devem ser suprimidas ou totalmente excluídas de nossa consciência.[9] Ao dirigirmos por uma cidade, por exemplo, nosso sistema de atenção nos ajuda a perceber os perigos do trânsito, filtrando tudo o que acontece ao nosso redor; enquanto você está ao volante, é improvável que perceba as pessoas fazendo compras, as conversas na calçada e assim por diante.

A vida seria completamente avassaladora se o sistema de atenção não fosse tão limitado. Para manter o mundo gerenciável, nosso cérebro avalia de forma constante todos os tipos de informações que nos bombardeiam (incluindo imagens, sons, sentidos físicos, emoções e pensamentos) e seleciona o que é importante ou relevante o suficiente para passar pelo filtro. O processo de seleção pode ocorrer de modo inconsciente ou ser intencional, permitindo que o direcionemos. Neste momento, seu sistema de atenção pode estar filtrando sorrateiramente o ruído ou a atividade de fundo para ajudá-lo a ler esta frase. Mas, se alguém chamar seu nome na sala ao lado, é provável que sua atenção seletiva o direcione para essa pessoa e não para esta frase.

No que se refere aos leitores, a atenção seletiva também orienta o que eles percebem visualmente e sua concentração ao interagir com qualquer tipo de texto.[10] Para compreender como a atenção seletiva

---

9. L. Payne e R. Sekuler, "The importance of ignoring: Alpha oscillations protect selectivity", *Current Directions in Psychological Science*, vol. 23, n. 3, 2014, pp. 171-177.

10. Jeremy M. Wolfe e Todd S. Horowitz, "Five factors that guide attention in visual search", *Nature Human Behaviour*, vol. 1, n. 3, 2017, pp. 1-8, https://www.nature.com/articles/s41562-017-0058.

funciona, dê uma olhada rápida na imagem a seguir antes de passar para o próximo parágrafo.[11]

O que você notou primeiro? Talvez tenha sido o parquinho, ou a família de quatro pessoas sentada em uma toalha no canto inferior direito, o carro ou um dos ciclistas. Seja qual for a sua resposta, ela foi resultado de sua atenção visual seletiva em ação. O cérebro não consegue perceber e processar de imediato todas as informações visuais em uma imagem detalhada como essa, então, usa atalhos — que podem variar de acordo com a pessoa, o momento e o contexto. Porém há dois atalhos quase universais dos quais você deve estar ciente.

Atalho número 1. Percebemos mais rapidamente os elementos que têm um forte contraste visual com seus arredores. Veja por si

---

11. https://www.ikon-images.com/stock-photo-busy-iconic-london-scene-illustrationimage00023061.html.

mesmo. O que você percebe primeiro na versão modificada da imagem seguinte?

Provavelmente, você olhou na hora para a pessoa passeando com o cachorro no meio da imagem. Ela capta de modo automático a atenção do cérebro, pois contrasta visualmente com o restante da cena. A mesma coisa acontece quando você olha para o céu noturno e percebe a lua cheia, mesmo sem tentar. Nosso cérebro evoluiu para perceber de forma automática as coisas que se destacam do ambiente. Essa é uma característica básica da visão em muitas espécies. Foi documentada em animais — desde bebês humanos[12] até corujas-das-torres[13] — e tem implicações poderosas para a forma como os leitores abordam as comunicações escritas.

---
12. Benjamin R. Stephens e Martin S. Banks, "Contrast discrimination in human infants", *Journal of Experimental Psychology: Human Perception and Performance*, vol. 13, n. 4, 1987, p. 558.
13. Wolf M. Harmening e Hermann Wagner, "From optics to attention: Visual perception in barn owls", *Journal of Comparative Physiology A*, vol. 197, n. 11, 2011, pp. 1031-1042.

Atalho número 2. Nossa atenção seletiva pode ser direcionada de forma intencional e proposital. Volte à primeira foto (da página 18) e, desta vez, tente encontrar a *pessoa sentada no banco*. É provável que você não tenha lançado seu olhar aleatoriamente para a frente e para trás na imagem. Provavelmente, começou examinando a área da passarela em busca de bancos e, em seguida, encontrou sem dificuldades o banco em que há uma pessoa sentada. Se você olhar bem de perto, verá que ela também está com um cachorrinho na coleira. Quando procuramos algo específico, nosso sistema de atenção nos ajuda a encontrá-lo com eficiência e rapidez.

Entretanto, no processo de observar alguns elementos, deixamos passar outros — muitas vezes, sem perceber. Nas três vezes em que olhou para a imagem, você notou a pilha de quatro formas hexagonais e um triângulo que formam uma estrutura de jogo no canto esquerdo do parquinho? Nós não vimos isso nas primeiras vezes que olhamos para essa imagem e suspeitamos que você também não tenha visto. É ainda mais proeminente no âmbito visual do que a pessoa sentada no banco, mas é provável que você não tenha notado nada que a tornasse digna de sua atenção seletiva (até agora, é claro). Como resultado, é um elemento que está na cena sem ser notado, escondido à vista de todos.

Pesquisas sobre o cérebro revelaram que, quando notamos e examinamos um item em uma cena visual, o cérebro suprime ativamente a percepção de outros itens que também estão presentes.[14] Por isso, muitas vezes, não percebemos as coisas que não estamos procurando. A tendência natural do cérebro de se concentrar em informações relevantes é um fato importante para uma escrita eficaz.

---

14. Naotsugu Tsuchiya e Christof Koch, "Continuous flash suppression reduces negative afterimages", *Nature Neuroscience*, vol. 8, n. 8, 2005, pp. 1096-1101; Raymond M. Klein, "Inhibition of return", *Trends in Cognitive Sciences*, vol. 4, n. 4, 2000, pp. 138-147; Daniel J. Simons e Christopher F. Chabris, "Gorillas in our midst: Sustained inattentional blindness for dynamic events", *Perception*, vol. 28, n. 9, 1999, pp. 1059-1074; Heather Berlin e Christof A. Koch, "Defense Mechanisms: Neuroscience Meets Psychoanalysis", *Scientific American*, 1º abr. 2009, https://www.scientificamerican.com/article/neuroscience-meets-psychoanalysis.

Onde focamos

Uma vez que nossa atenção seletiva nos ajuda a perceber algo digno de nota — seja algo que vemos, ouvimos ou lemos —, o sistema de atenção do cérebro nos ajuda a direcionar e gerenciar a maneira como concentramos nossos recursos mentais nisso.[15]

Vamos continuar o exercício e voltar à primeira imagem. Quantas árvores você vê?

Você provavelmente olhou para a imagem, usou sua atenção visual para se concentrar nas árvores e depois concentrou sua energia mental em contá-las sistematicamente. (A resposta correta é seis.) Quando necessário, nosso cérebro consegue permanecer concentrado em uma tarefa até a conclusão — mesmo uma tarefa tão entediante como contar

---

15. A. MacKay-Brandt, "Focused attention", *Encyclopedia of Clinical Neuropsychology*, eds. J. S. Kreutzer, J. DeLuca e B. Caplan. Nova York: Springer, 2011, pp. 1066-1067.

árvores em uma imagem sem motivo aparente. No entanto, a concentração exige muita capacidade cerebral. Isso é verdadeiro sobretudo quando estamos nos concentrando em uma tarefa complicada ou difícil. Em virtude da capacidade limitada de processamento de nosso cérebro, não podemos nos concentrar em tudo ao mesmo tempo. Assim como no caso da observação, nosso sistema de atenção precisa ser seletivo quanto ao que focar e por quanto tempo.

Enquanto você se concentrava em contar as árvores, é quase certo que não estava contando o número total de pessoas andando de bicicleta, patinete e skate. Essa informação não era relevante para a tarefa em questão, portanto, seu cérebro a ignorou, da mesma forma que a atenção seletiva impediu que você percebesse a estrutura de hexágonos e triângulos no parquinho. A capacidade do cérebro de ignorar informações irrelevantes pode ser quase cômica de tão intensa. Em um estudo de 1999 amplamente citado, dois pesquisadores de Harvard pediram aos participantes que concentrassem sua atenção em contar quantas vezes uma bola de basquete era passada para a frente e para trás em um vídeo de um minuto.[16] Na metade do vídeo, uma pessoa vestindo uma fantasia de gorila passou diretamente pela cena. Quase metade das pessoas que assistiram ao vídeo não percebeu o gorila passeando.

O foco nos ajuda a evitar a sobrecarga mental, mas também pode esgotar nosso sistema de atenção. Quando nos concentramos em uma tarefa por um longo período de tempo ou de forma particularmente intensa, nossa capacidade de manter o foco diminui. Essa é uma das razões pelas quais crianças em idade escolar têm recreio e escritores fazem intervalos: direcionar e controlar nossa atenção é difícil e cansativo. Não é necessário um longo dia de escola ou de trabalho intenso para esgotar os recursos de nosso sistema de atenção. O cérebro pode se exaurir mais rápido do que se imagina.

---

16. Simons e Chabris, "Gorillas in our midst".

Em um estudo ilustrativo, o psicólogo Brandon Schmeichel e seus colegas pediram a um grupo de participantes que assistisse a um vídeo de seis minutos de uma pessoa sendo entrevistada.[17] Ao mesmo tempo, palavras irrelevantes passavam pela tela. Metade dos participantes foi instruída a evitar olhar para as palavras irrelevantes, enquanto a outra metade ficou livre para se concentrar no que quisesse. A atenção seletiva do cérebro é automaticamente inclinada a se concentrar nas palavras que piscam (em parte, porque elas contrastam de forma proeminente com o ambiente), portanto, ignorá-las exigia esforço de concentração e controle.

Em seguida, os pesquisadores mediram o desempenho dos participantes em duas tarefas posteriores não relacionadas ao vídeo, para testar o quanto eles haviam se desgastado com o uso de seu foco de atenção. A primeira tarefa foi um teste de compreensão de leitura longo e difícil usado para admissão em cursos de pós-graduação. Os participantes que foram solicitados a controlar sua atenção ignorando de modo ativo as palavras que piscavam no vídeo obtiveram uma pontuação 20% menor no teste do que aqueles que não foram solicitados a fazer isso. Evidentemente, a tarefa anterior com o vídeo esgotou o foco dos participantes, reduzindo a atenção com que eles conseguiram ler as redações e responder às perguntas desafiadoras.

Nossa capacidade de concentrar a atenção também é afetada pela forma como nos sentimos *fisicamente*. Isso é diferente do esgotamento dos sistemas de atenção do nosso cérebro. Quando estamos com o corpo cansado, é sistematicamente mais difícil nos concentrarmos. Como a maioria de nós sabe muito bem, tendemos a perder a concentração ao fim de um longo dia, depois de um treino duradouro ou

---

17. Brandon J. Schmeichel, Kathleen D. Vohs e Roy F. Baumeister, "Intellectual performance and ego depletion: Role of the self in logical reasoning and other information processing", apud Roy F. Baumeister, *Self-Regulation and Self-Control*. Abingdon, UK: Routledge, 2018, pp. 310-339.

depois de dormir pouco.[18] Até a atenção e a tomada de decisões de atletas bem treinados são prejudicadas pela exaustão física.[19]

As distrações e as interrupções representam mais um desafio para nossos esforços de manter o foco. Mesmo com tempo livre e uma curiosidade insaciável, poucas pessoas conseguiriam ler este livro de cabo a rabo em uma única sessão. Nossa mente divaga. Isso pode acontecer facilmente mesmo ao ler algo tão curto como uma mensagem de texto ou uma publicação no Facebook. Um estudo recente estimou que a mente das pessoas divaga um terço do tempo enquanto elas estão tentando ler. E fique atento: a distração mental acontece com ainda mais frequência quando estamos lendo textos complicados.[20]

É difícil voltar a nos concentrar quando nos distraímos. De acordo com a cientista da informação Gloria Mark, da University of California, em Irvine, os trabalhadores precisam de uma média de 23 minutos para voltar a focar totalmente uma tarefa depois de serem interrompidos.[21] Não é preciso dizer que isso afeta o desempenho de nossas atividades. Outro estudo, realizado na Carnegie Mellon University, concluiu que ser interrompido por um telefonema durante um

---

18. William D. S. Killgore, "Effects of sleep deprivation on cognition", *Progress in Brain Research*, vol. 185, 2010, pp. 105-129.

19. Filip Skala e Erika Zemková, "Effects of acute fatigue on cognitive performance in team sport players: Does it change the way they perform? A scoping review", *Applied Sciences*, vol. 12, n. 3, 2022, p. 1736.

20. Caitlin Mills, Julie Gregg, Robert Bixler e Sidney K. D'Mello, "Eye-mind reader: An intelligent reading interface that promotes long-term comprehension by detecting and responding to mind wandering", *Human-Computer Interaction*, vol. 36, n. 4, 2021, pp. 306-332; Shi Feng, Sidney D'Mello e Arthur C. Graesser, "Mind wandering while reading easy and difficult texts", *Psychonomic Bulletin & Review*, vol. 20, n. 3, 2013, pp. 586-592; D. M. Bunce, E. A. Flens e K. Y. Neiles, "How long can students pay attention in class? A study of student attention decline using clickers", *Journal of Chemical Education*, vol. 87, n. 12, 2010, pp. 1438-1443.

21. Gloria Mark, Victor M. Gonzalez e Justin Harris, "No task left behind? Examining the nature of fragmented work". In: *Proceedings of the SIGCHI Conference on Human Factors in Computing Systems*. Nova York: Association for Computing Machinery, 2005, pp. 321-330; Jennifer Robison, "Too Many Interruptions at Work?", *Gallup Business Journal*, 8 jun. 2006.

teste de leitura diminuiu o desempenho no teste em 20%.[22] Para escrever de forma eficaz para pessoas ocupadas, é preciso ter em mente a facilidade com que elas (e todos nós) podem se desgastar e se distrair.

Como fazemos malabarismos com as tarefas

As limitações do cérebro para perceber e se concentrar inevitavelmente se traduzem em limitações para agir também. Por mais atraente que a ideia possa parecer, ser multitarefa — fazer várias coisas ao mesmo tempo — não é uma solução para o problema de ter muito o que fazer e pouco tempo e atenção para isso. A rigor, não é possível nem pensar em duas tarefas exatamente ao mesmo tempo. O que estamos fazendo de fato quando somos "multitarefa" é alternar rápido entre tarefas individuais, um processo cognitivamente dispendioso. Ao alternar entre elas, ficamos mais lentos e mais propensos a não perceber coisas importantes do que quando estamos lidando com apenas uma tarefa de cada vez. Ficar pulando de uma tarefa para outra também esgota nosso foco mais rápido. Essa percepção não é nova. No século I a.C., Publilius Syrus, um escritor latino, escreveu que "fazer duas coisas ao mesmo tempo é não fazer nenhuma".[23] Algumas pesquisas modernas nos levaram a uma conclusão semelhante: quando tentamos realizar várias tarefas ao mesmo tempo, nos tornamos menos eficientes em todas elas.[24]

Apesar disso, nós (os autores) continuamos tentando fazer várias tarefas ao mesmo tempo, na esperança de sairmos ganhando. E não

---

22. Bob Sullivan e Hugh Thompson, "Brain, interrupted", *New York Times*, 3 maio 2013, https://www.nytimes.com/2013/05/05/opinion/sunday/a-focus-on-distraction.html.
23. Publilius Syrus, *The Moral Sayings of Publius Syrus, a Roman Slave*. Trad. D. Lyman. Cleveland: L. E. Barnard, 1856.
24. Há algumas evidências de que o ambiente contemporâneo está nos tornando melhores em dividir nossa atenção concentrada entre duas tarefas ao mesmo tempo. No entanto, ainda assim, fazer duas (ou mais) coisas ao mesmo tempo diminui nossa capacidade de fazer qualquer uma delas tão bem quanto se nos concentrássemos inteiramente em uma coisa de cada vez. Para uma análise cuidadosa, meditação e guia sobre esse assunto, consulte o livro *Trabalho focado* de Cal Newport.

estamos sozinhos. Numa pesquisa feita com profissionais, constatou-se que 63% dos participantes relataram trabalhar regularmente em duas ou três tarefas diversas ao mesmo tempo.[25] Em pesquisas que nós mesmos realizamos, cerca de 50% dos entrevistados relataram ter realizado multitarefas "com frequência" na semana anterior.[26]

Ser multitarefa — ou, mais precisamente, alternar tarefas — tem uma função essencial para nos ajudar a negociar nossos mundos ocupados e complicados. Com tempo limitado, nossa vida fica mais fácil se pudermos mexer o macarrão enquanto temperamos o molho, arrumamos a mesa e respondemos às perguntas dos nossos filhos sobre o dever de casa. Mas não tentamos fazer várias tarefas ao mesmo tempo apenas porque estamos ocupados; também realizamos várias tarefas porque achamos que somos melhores nisso do que somos de fato. A questão principal é que sua mente funciona de forma mais eficaz quando tem um ponto de ancoragem claro: uma coisa que está percebendo, algo em que está se concentrando, uma tarefa que precisa iniciar em resposta. Os textos que respeitam essas limitações têm mais probabilidade de chegar a um cérebro ocupado e ao leitor, que é seu destinatário.

Para simular a dificuldade de se concentrar (efetivamente) em duas tarefas ao mesmo tempo, faça outro experimento consigo mesmo. Diga em voz alta o tipo de formatação que foi aplicado a cada uma das palavras a seguir:

itálico

negrito

CAIXA-ALTA

<u>sublinhado</u>

realçar

---

25. Kevin Collins, "Why you shouldn't multitask and what you can do instead", *Forbes*, 15 jul. 2021, https://www.forbes.com/sites/forbestechcouncil/2021/07/15/why-you-shouldnt-multitask-and-what-you-can-do-instead/?sh=4f2afebdd01b.

26. Pesquisa on-line feita no MTurk, em fevereiro de 2022. N = 1.808.

Agora, diga novamente em voz alta o tipo de formatação aplicada a cada uma das palavras a seguir:

<u>realçar</u>
itálico
NEGRITO
sublinhado
caixa-alta

Você deve ter percebido que, em comparação com o primeiro conjunto de palavras, o segundo exigiu um esforço significativamente maior, levou mais tempo e talvez tenha induzido a um ou dois erros. É o chamado efeito Stroop. Ele ilustra a dificuldade de se concentrar em duas tarefas cognitivas ao mesmo tempo.[27] Identificar a formatação exige atenção concentrada nas letras, então, nesse processo, lemos as palavras sem nos concentrar. Quando as palavras escritas são consistentes com a formatação aplicada a elas (por exemplo, *"itálico"*), a atividade é relativamente fácil e rápida. Porém, quando as palavras escritas são inconsistentes com a formatação (por exemplo, <u>"itálico"</u>), a atividade é muito mais difícil.

A segunda lista pode ser quase dolorosa de ler e descrever. É o efeito Stroop em ação. Quando as palavras escritas e a formatação aplicada a elas são consistentes, há apenas uma tarefa cognitiva: identificar o tipo de formatação e dizer seu nome são a mesma coisa. No entanto, quando as palavras e a formatação são inconsistentes, o cérebro, então, precisa lidar com duas tarefas cognitivas: ainda há a tarefa principal de identificar e dizer o nome da formatação, mas também a segunda tarefa de suprimir com esforço o impulso de dizer a palavra que foi lida.

---

27. Usamos a tarefa Stroop para ilustrar o desafio de gerir a atenção quando temos duas tarefas cognitivas, mas notamos que essa tarefa é mais usada por pesquisadores da atenção para ilustrar a dificuldade de dirigir seletivamente a atenção. É uma boa ilustração de ambos os desafios cognitivos.

Os conflitos mentais criados por ser multitarefa (ou, mais precisamente, pela rápida troca de tarefas) podem ter sérias consequências na vida real. Uma equipe da Butler University e da Eli Lilly descobriu que os farmacêuticos que eram solicitados a responder perguntas enquanto faziam seu trabalho demoravam mais e cometiam muito mais erros ao preencher as receitas. Ser multitarefa os deixava mais lentos e fazia com que perdessem detalhes críticos.[28] Enviar mensagens enquanto dirige pode ser ainda mais fatal. Estatísticas do governo dos Estados Unidos atribuem milhares de mortes nas estradas todos os anos a esse hábito perigoso.[29] No entanto, segundo algumas estimativas, 22% dos motoristas relatam fazer esse tipo de multitarefa diariamente.[30]

Esse é o cenário de estresse e distração em que você entra toda vez que escreve algo destinado a um leitor apressado — que, hoje em dia, é a maioria dos leitores. A escrita eficaz respeita as limitações inatas do cérebro ocupado, e isso a torna útil e também *gentil*, pois minimiza o estresse que você causa no leitor.

---

28. Stephanie Enz, Amanda C. G. Hall e Kathryn Keirn Williams, "The myth of multitasking and what it means for future pharmacists", *American Journal of Pharmaceutical Education*, vol. 85, n. 10, 2021.

29. "Distracted Driving", National Highway Traffic Safety Administration, s.d., https://www.nhtsa.gov/risky-driving/distracted-driving.

30. Les Masterson, "Distracted Driving Survey 2021: Drivers Confess to Bad Behavior", *insurance.com*, 8 ago. 2021, https://www.insurance.com/auto-insurance/distracted-driving.

2

Pense como um leitor apressado

Se você tiver uma visão mais profunda do que acontece dentro do cérebro de um leitor, poderá compreender o imenso desafio de romper com toda essa confusão e esse ruído. Felizmente, você não precisa adivinhar como fazer isso! Nós nos baseamos em um grande conjunto de experiências profissionais e pesquisas acadêmicas (além de percepções pessoais) para fornecer orientações comprovadas.

O primeiro passo para escrever de forma eficaz é compreender as maneiras pelas quais o tempo e a atenção limitados afetam a forma como pessoas apressadas leem. Em seguida, você pode começar a superar os obstáculos fundamentais que determinam se uma ideia em sua cabeça encontrará um lugar na cabeça de outra pessoa: os filtros que decidem se, quando e com que cuidado lerão as mensagens que recebem.

Toda vez que um leitor se depara com uma comunicação escrita — mesmo que seja algo curto como um e-mail, uma mensagem de texto, uma mensagem do Slack ou uma publicação de rede social —, ele passa por um processo de quatro estágios:

- Primeiro, ele precisa decidir se vai se envolver com a mensagem.

- Em segundo lugar, se decidir interagir, precisa decidir quando vai interagir. Às vezes, a decisão de interagir leva a uma decisão de interagir mais tarde.
- Em terceiro lugar, quando se engaja, precisa decidir quanto tempo e quanta atenção dedicará à leitura da mensagem.
- Quarto passo: se ler algo que exija uma resposta, precisará decidir se vai responder ou reagir.

Essas decisões, em geral, são quase instantâneas, realizadas com pouco ou nenhum pensamento consciente. Raramente deliberamos de forma cuidadosa sobre cada estágio. Mas uma quantidade enorme de processamento mental acontece durante esse pequeno intervalo de tempo. Nosso trabalho como escritores eficazes é navegar em cada uma das quatro rodadas críticas desse processo breve, mas assustador.

Decidir se deve se envolver

Quando os leitores recebem uma comunicação, eles a colocam automaticamente em questão: essa mensagem vale o meu tempo? Devo me dar ao trabalho de interagir com ela?

Os economistas descrevem esse tipo de tomada de decisão como "maximização da utilidade esperada". Ao tomar decisões entre alternativas, as pessoas pesam os custos e benefícios esperados de todas as escolhas possíveis; depois, escolhem a opção que maximiza os benefícios esperados e minimiza os custos esperados. Todos consideram o próprio tempo precioso, portanto, o limite para se envolver pode ser bastante alto. Em uma pesquisa recente que realizamos com cerca de 1.800 profissionais ativos, eles estimaram que excluem mais ou menos a metade dos e-mails que recebem sem ler.[1]

---

1. Pesquisa on-line conduzida no MTurk, em fevereiro de 2022. N = 1.808.

É um resultado surpreendente quando se pensa a partir de uma perspectiva cognitiva. Leitores apressados definem constantemente o valor de uma mensagem *sem de fato a ler*! E os profissionais ativos no mercado não são os únicos que fazem julgamentos rápidos com base em informações limitadas. Todos nós fazemos a mesma coisa básica, o tempo todo, usando atalhos mentais que simplificam a tomada de decisões.

Pesquisadores que realizaram estudos sobre a tomada de decisão chamam esses atalhos mentais de "heurística", mas, para simplificar, vamos chamá-los de "regras de ouro". Uma regra prática comum é que, quando nos deparamos com opções demais, escolhemos a primeira que nos parece boa o suficiente (às vezes chamada de "satisfatória"), em vez de nos esforçarmos para buscar a melhor opção avaliada. Pense em quantos filmes estão disponíveis na Netflix. Levaria dias para pesquisar todas as opções disponíveis e encontrar aquela que maximizaria sua diversão. A regra "bom o suficiente" permite que você reduza a tarefa para um ou dois minutos. As regras de ouro nos ajudam a tomar decisões complexas e cheias de informações, desde a escolha de programações da Netflix até a classificação de nossa caixa de entrada de e-mails.

Os leitores, em geral, inferem o valor de uma comunicação a partir de seu "envelope", das informações prontamente disponíveis em torno dela, que sinalizam seu conteúdo.[2] No caso de um e-mail, essas informações podem ser o remetente ou o assunto. Em um memorando de escritório, pode ser o título. Em uma carta tradicional, pode ser o endereço do remetente ou o formato do envelope físico. (Em essência, nós de fato julgamos um livro pela capa.) Os leitores leem essas pistas e, em seguida, aplicam regras de ouro para decidir se querem interagir. Podemos priorizar mensagens de alguém próximo, como um amigo ou

---

2. Jessica Lasky-Fink e Todd Rogers, "Signals of value drive engagement with multi--round information interventions", *PLOS ONE*, vol. 17, n. 10, 2022, e0276072.

um familiar. Por outro lado, podemos optar por ignorar mensagens de remetentes que não reconhecemos, em especial se o restante das pistas disponíveis fizer com que essas mensagens pareçam irrelevantes.

Estimar os *benefícios* esperados de uma mensagem recebida é apenas a metade do cálculo que os leitores apressados fazem ao decidir se querem se envolver com uma comunicação. Eles também consideram os *custos* envolvidos: quanto tempo e quanto esforço serão necessários para se envolver? Aqui, também, as pessoas aplicam regras práticas para fazer essa avaliação. Sua estimativa inicial de custos (medidos em tempo e esforço) influencia muito as decisões de engajamento. Em especial, é mais provável que esses leitores se envolvam com mensagens curtas ou que pareçam fáceis de decifrar, pois aparentemente exigem menos tempo, atenção e esforço para serem lidas.

A preferência por mensagens curtas e fáceis faz sentido, mas leitores ocupados, com pouco tempo e pouca atenção, também podem ser míopes; às vezes, até ilógicos; eles tendem a priorizar muito o presente em detrimento do futuro. Você já decidiu, em algum momento, que na semana seguinte começaria a economizar dinheiro, a fazer dieta ou a se exercitar? E aí, quando a semana seguinte chegou, você decidiu que começaria mesmo... na semana *seguinte*? Sim, nós também fazemos isso. A maioria prefere fazer coisas agradáveis, prazerosas, fáceis e gratificantes agora e deixar as coisas menos agradáveis e mais difíceis para depois. Ainda que o custo final dessas coisas seja o mesmo, parece que estamos saindo na vantagem por não pagar o custo agora.

Decidindo quando se envolver

Revisitando a questão da Netflix sob a perspectiva do custo, imagine que você tenha reduzido o vasto conjunto de filmes oferecidos a apenas algumas opções. Agora, como escolher a qual deles assistir? Os filmes a que queremos assistir geralmente se enquadram em duas categorias. Há aqueles a que *queremos* assistir porque achamos que serão agradáveis, como filmes de ação ou comédias românticas, e aqueles a que achamos que *devemos* assistir porque acreditamos que serão educativos ou bons para nós, como documentários premiados ou filmes estrangeiros.

Uma pesquisa que realizamos com nossos colegas demonstrou que as pessoas tendem a assistir primeiro aos filmes mais agradáveis, antes de chegar às opções "boas para nós".[3] Outros estudos examinaram as decisões do tipo "quero" versus "devo" em contextos profissionais e confirmaram que as pessoas tendem a procrastinar antes de se voltarem para as tarefas mais difíceis e menos agradáveis.[4] Quando são solicitadas a concluir um conjunto misto de tarefas fáceis e difíceis, elas em geral enfrentam as fáceis primeiro. Esse padrão se mantém mesmo que sejam oferecidos incentivos financeiros para que as pessoas priorizem as tarefas difíceis.[5]

De fato, às vezes, estamos dispostos a pagar um preço para desfrutar de coisas agradáveis no momento. Há um estudo clássico em que perguntaram às pessoas se elas preferiam receber 100 dólares agora ou 101 dólares em uma semana. A maioria das pessoas escolheu o que era desejável (receber 100 dólares agora), mesmo que isso significasse abrir mão de algo um pouco mais desejável em um futuro próximo.[6] Receber 1% a mais em uma semana equivale a ganhar 68% de juros ao longo de um ano, mas a maioria dos participantes do experimento decidiu que preferia não esperar uma semana pelo dinheiro adicional.

---

3. Katherine L. Milkman, Todd Rogers e Max H. Bazerman, "Highbrow films gather dust: Time-inconsistent preferences and online DVD rentals", *Management Science*, vol. 55, n. 6, 2009, pp. 1047-1059.
4. Matthew Healey e Robyn LeBoeuf, "How incentives help us do hard things", s.d., https://sjdm.org/presentations/2020-Poster-Healey-Patrick-Difficulty-Task-Goals~.pdf; Susan C. Wilkinson, Will Reader e Stephen J. Payne, "Adaptive browsing: Sensitivity to time pressure and task difficulty", *International Journal of Human-Computer Studies*, vol. 70, n. 1, 2012, pp. 14-25.
5. Zohar Rusou, Moty Amar e Shahar Ayal, "The psychology of task management: The smaller tasks trap", *Judgment and Decision Making*, vol. 15, n. 4, 2020, p. 586.
6. Pesquisa on-line conduzida no MTurk, em fevereiro de 2022. N = 452.

Assim como abrimos mão de benefícios para ter coisas boas agora, também estamos dispostos a incorrer em custos para adiar coisas desagradáveis. Em uma de nossas pesquisas com alunos, os participantes relataram que preferem ficar sentados no trânsito por 31 minutos daqui a uma semana a ter de ficar sentados por trinta minutos agora, mesmo sabendo que o adiamento acabará custando um minuto a mais de aborrecimento.[7] Se você escrever algo que o leitor-alvo considere um trabalho desagradável, pode apostar que ele adiará a leitura até... mais tarde.

A tendência de privilegiar o presente em detrimento do futuro está arraigada em nós. Pesquisadores que usaram exames de ressonância magnética (MRI) observaram que determinadas partes do cérebro associadas a recompensas imediatas (as regiões límbicas relacionadas a recompensas) são ativadas quando consideramos opções que incluem resultados desejáveis *agora*, mas permanecem praticamente inativas quando consideramos opções que só incluem resultados desejáveis *mais tarde*.[8] Comportamento semelhante foi observado em todo o ciclo de desenvolvimento humano e até em diferentes espécies animais, incluindo ratos, chimpanzés e pássaros, para citar alguns.[9]

---

7. Pesquisa on-line conduzida no MTurk, em fevereiro de 2022. N = 450.
8. Samuel M. McClure, Keith M. Ericson, David I. Laibson, George Loewenstein e Jonathan D. Cohen, "Time discounting for primary rewards", *Journal of Neuroscience*, vol. 27, n. 21, 2007, pp. 5796-5804;
Samuel M. McClure, David I. Laibson, George Loewenstein e Jonathan D. Cohen, "Separate neural systems value immediate and delayed monetary rewards", *Science*, vol. 306, n. 5695, 2004, pp. 503-507.
9. Sobre ratos, ver John Bascom Wolfe, "The effect of delayed reward upon learning in the white rat", *Journal of Comparative Psychology*, vol. 17, n. 1, 1934, p. 1. Sobre pássaros, ver G. W. Ainslie, "Impulse control in pigeons", *Journal of the Experimental Analysis of Behavior*, vol. 21, n. 3, 1974, pp. 485-489; Howard Rachlin e Leonard Green, "Commitment, choice and self-control", *Journal of the Experimental Analysis of Behavior*, vol. 17, n. 1, 1972, pp. 15-22. Sobre crianças em idade escolar, ver Levon Melikian, "Preference for delayed reinforcement: An experimental study among Palestinian Arab refugee children", *Journal of Social Psychology*, vol. 50, n. 1, 1959, pp. 81-86; Joan Grusec e Walter Mischel, "Model's characteristics as determinants of social learning", *Journal of Personality and Social Psychology*, vol. 4, n. 2, 1966, p. 211; Richard T. Walls e Tennie S.

Todos esses cálculos de custo-benefício estão diretamente relacionados à maneira como nos envolvemos com as comunicações que recebemos. Leitores apressados tendem a priorizar as mensagens que acham que podem ser tratadas com facilidade e rapidez, porque elas parecem mais agradáveis (ou, pelo menos, não tão terríveis). Por outro lado, os leitores tendem a evitar mensagens que parecem longas e demoradas, adiando-as para o futuro. Nossas pesquisas mostram claramente essas respostas: em um exemplo, 99% dos profissionais que trabalhavam em uma aula que ministramos disseram que responderiam primeiro a uma mensagem com que considerassem mais fácil de lidar do que a uma que parecesse mais difícil.[10]

Decidindo como se envolver

Alerta de spoiler: *todo mundo passa os olhos*.

Leitores ocupados buscam extrair o máximo de valor possível de uma comunicação com o mínimo de tempo e atenção possível. Para conseguir isso, nem sempre leem de forma linear, linha por linha. Eles variam a forma como leem para atender a seus objetivos. Podem ler atentamente uma seção, passar os olhos por outra e pular para outra, buscando informações específicas que considerem relevantes. Na linguagem da teoria econômica: leitores apressados maximizam sua utilidade almejada ao tentar prever continuamente se o valor de gastar mais um segundo lendo a mensagem é maior do que o benefício de gastar esse tempo e essa atenção em outra coisa.

Smith, "Development of preference for delayed reinforcement in disadvantaged children", *Journal of Educational Psychology*, vol. 61, n. 2, 1970, p. 118. Sobre chimpanzés, ver Roger T. Kelleher, "Conditioned reinforcement in chimpanzees", *Journal of Comparative and Physiological Psychology*, vol. 50, n. 6, 1957, p. 571.

10. Uma sessão de educação executiva em 2022. A pesquisa foi feita com cerca de 150 participantes da sessão.

Os leitores não pensam de modo intencional: "Ok, hora de maximizar minha utilidade esperada!". Apenas seguimos em frente quando ficamos entediados ou distraídos. Nosso foco consciente está o tempo todo em risco de distração. Podemos aprender muitas informações valiosas nos primeiros segundos de leitura de uma mensagem, mas logo chegamos a um ponto de retorno decrescente — pelo menos essa é nossa expectativa comum. Cada segundo adicional de nossa atenção tende a produzir menos informações, sobretudo depois de termos imaginado a essência da mensagem. A partir daí, nosso tempo de leitura se torna progressivamente menos valioso. Leitores apressados têm um limite baixo para seguir em frente; assim que o valor esperado do próximo segundo gasto na leitura for menor do que o valor de qualquer outra coisa que estaríamos fazendo, paramos.

Em geral, a leitura por utilidade é uma estratégia eficiente para extrair o máximo possível de informações gastando o mínimo possível de tempo e atenção. Mas há um problema: o valor de algumas mensagens só pode ser percebido se elas forem lidas na íntegra. O todo pode ser maior do que a soma das partes individuais.

Imagine que uma pessoa manda um e-mail para um amigo narrando um encontro engraçado que teve em um jogo de futebol americano do Philadelphia Eagles. Ele estava no estacionamento do Lincoln Financial Field, comendo hambúrguer e conversando com amigos. Um casal de idosos passou por ele, iniciou uma conversa sobre os jogadores da defesa do Eagles e começou a discutir se eles eram bons o suficiente para ganhar o campeonato daquele ano. Depois de alguns minutos, quando estava prestes a entrar no estádio, percebeu que os dois idosos eram os pais do amigo para quem enviou o e-mail. Eles por acaso estavam visitando o Arizona bem naquela semana. Entre os 65 mil torcedores presentes, qual é a chance de isso acontecer? Se o amigo tivesse parado de ler no momento em que entendeu a essência da mensagem — que o amigo foi a um jogo do Philadelphia Eagles —, teria perdido o final inesperado, que, na verdade, era o objetivo da mensagem.

A leitura superficial também deixa os leitores vulneráveis à perda de informaçõees importantes. Você notou que "informações" foi escrito incorretamente na frase anterior? Se notou, provavelmente estava lendo com atenção, o que nós agradecemos — obrigado! A leitura atenta significa que você não perderá tanta coisa, mas também exige muito mais de seu tempo e de sua atenção. Por outro lado, entendemos perfeitamente e esperamos que muitos de vocês só passem os olhos por este capítulo. Dessa forma, será muito mais rápido, mas é provável que você perca algumas das informaçõees e dos detalhes mais sutis. (*Agora* você percebeu?)

Os psicólogos Keith Rayner e Monica Castelhano mapearam a forma como nossos olhos se movem quando lemos atentamente em comparação com o que ocorre quando estamos lendo rápido,[11] como ilustra a imagem a seguir. Os círculos indicam onde os olhos dos participantes se concentram e fazem uma pausa; esses locais são chamados de "fixações". As linhas indicam onde os olhos se movem durante o tempo entre as fixações. Durante a leitura atenta, os olhos se movem de palavra a palavra em sequência. No entanto, ao passar os olhos, há menos fixações, então, saltamos entre as linhas.

A leitura rápida, em geral, nos leva a pular palavras, frases e até parágrafos. Também é comum pularmos para a frente, a fim de antecipar, e pularmos para trás com o intuito de revisar ou encontrar algo que não foi visto a princípio. Nós absorvemos palavras fora de ordem e pulamos muitas delas completamente. É por isso que passar os olhos é mais rápido que ler, mas também por isso que nos deixa suscetíveis à perda de informações.

---

11. K. Rayner e M. Castelhano, "Eye movements", *Scholarpedia*, vol. 2, n. 10, 2007, p. 3649.

> **Leitura:**
>
> Essa pessoa está lendo o texto para compreender. A pessoa pode não se fixar em cada palavra, mas está processando cada palavra. Ler assim leva mais tempo do que passar os olhos e escanear um texto, mas resulta em uma compreensão mais completa.
>
> **Passar os olhos:**
>
> Essa pessoa está passando os olhos pelo texto. O sinal revelador de alguém passando os olhos em vez de lendo se mostra quando os olhos da pessoa se fixam em uma proporção menor das palavras, e cada fixação é feita por períodos mais curtos. Observe quantas palavras são puladas e com que frequência a pessoa precisa retomar a leitura para revisitar as palavras que pulou. A leitura rápida pode ajudar a ter uma noção do assunto de um texto, mas o fará perder muitos detalhes, muitas vezes, críticos.

Lembre-se de que a leitura rápida não é um tipo de trapaça. É uma estratégia extremamente útil para minimizar a quantidade de tempo e atenção necessários para extrair informações importantes. E as pessoas passam os olhos o tempo todo, não apenas ao ler livros longos. Em uma pesquisa recente que realizamos, vimos que os participantes relataram passar os olhos por quase 40% de seus e-mails e 20% de suas mensagens de texto.[12]

Além de fazer isso, os leitores apressados usam uma estratégia complementar de economia de tempo chamada "escaneabilidade". A escaneabilidade envolve pular entre as seções de um texto, muitas vezes guiados por nossa atenção seletiva e por regras de ouro sobre onde as informações mais valiosas provavelmente estarão. Os leitores em geral esperam que a primeira frase os oriente a respeito do que trata todo o parágrafo. Guiados por essa expectativa, eles podem passar mais

---

12. Pesquisa on-line conduzida no MTurk, em fevereiro de 2022. N = 903.

tempo lendo as frases iniciais e usá-las para decidir o que ler com mais atenção (se for o caso).[13] Ou podem se aproximar do texto de uma forma mais geral e ler os títulos até encontrar uma seção que pretendam examinar mais de perto, seja passando os olhos ou lendo com atenção.

Pesquisadores podem observar esse processo de escaneabilidade em ação quando rastreiam o modo como nossos olhos percorrem o material de leitura.[14] Os leitores pulam grandes extensões de texto, concentrando-se principalmente em pontos de ancoragem: títulos, primeiras frases de parágrafos, imagens e formatação que contrastam visualmente com o restante do texto. Pulam todo o texto em alguns pontos de ancoragem, mas leem com cuidado em outros. Assim como acontece com a passada de olhos, os leitores que estão lendo, às vezes, retomam a leitura para revisitar as seções que foram puladas.

Parte de ser um escritor eficaz é ajudar os leitores a gerenciar o tempo com eficiência. Se o objetivo da sua mensagem for apenas a experiência de lê-la, é provável que você queira sinalizar logo de início que vale a pena ler o que escreveu na íntegra. Mas, como é mais frequente, se o objetivo for transmitir informações importantes ou solicitar uma ação, você precisará atender aos leitores apressados na forma apropriada a eles. Eles vão passar os olhos e escanear de qualquer maneira. Escrever de uma forma que os ajude a captar informações importantes ao fazê-lo fará com que a leitura flua mais suavemente e também ajudará você a atingir seus objetivos como escritor.

---

13. Jukka Hyönä e Robert F. Lorch, "Effects of topic headings on text processing: Evidence from adult readers' eye fixation patterns", *Learning and Instruction*, vol. 14, n. 2, 2004, pp. 131-152; Guy M. Whipple e Josephine N. Curtis, "Preliminary investigation of skimming in reading", *Journal of Educational Psychology*, vol. 8, n. 6, 1917, p. 333.

14. Kara Pernice, "Text scanning patterns: eyetracking evidence", *Nielsen Norman Group*, 25 ago. 2019, nngroup.com/articles/text-scanning-patterns-eyetracking.

- **Dica:** O rotor de borracha está localizado dentro de um copo de aço inoxidável e usa a água para lubrificação. Se essa água não estiver presente, o atrito da borracha com o aço inoxidável superaquecerá muito rapidamente e destruirá o rotor de borracha. É por isso que é imperativo NÃO operar, nem mesmo ligar, o seu motor de popa sem que haja um suprimento adequado de água para o motor antes.

Como regra geral, inspecione o rotor e o conjunto da bomba de água todos os anos se estiver operando em água salgada, salobra ou turva, e substitua, se necessário. Os detritos nessas águas agem como uma lixa. Se estiver operando em água clara e limpa, esse intervalo pode se estender por duas temporadas, desde que não tenha ocorrido operação a seco. Não deixe de consultar o manual do proprietário para saber qual é o intervalo de manutenção específico do seu motor de popa.

- **Dica:** se você não se sentir à vontade para realizar os procedimentos de inspeção e substituição do rotor/bomba d'água, peça aos seus revendedores Yamaha Náutica locais para fazer o trabalho. Eles têm as ferramentas, os materiais e o treinamento para fazer isso de forma correta, para sua tranquilidade.

Correias e mangueiras
Todas as correias e as mangueiras do seu motor de popa precisam operar em um ambiente marinho brutalmente hostil. Dê uma olhada nelas de vez em quando e observe o cronograma do fabricante para a substituição. Se encontrar rachaduras ou desgastes, seja prudente e substitua-as. Não tente "virar" uma correia para prolongar sua vida útil nem manuseie a correia com qualquer tipo de lubrificante em seus dedos. Mantenha-as protegidas de lubrificantes em spray também.

- **Dica:** as correias de distribuição dos motores de popa de quatro tempos da Yamaha e as correias da bomba de combustível de alta pressão dos motores de popa de dois tempos HDPI® são dentadas e impregnadas de Kevlar®, o que as torna super-resistentes e não esticáveis. Ainda assim, a Yamaha recomenda que elas sejam trocadas a cada cinco anos ou a cada mil horas.

Velas de ignição
Como regra geral, retire as velas de ignição de motores de popa de quatro tempos a cada duzentas horas ou a cada duas temporadas e verifique se a cor e o desgaste estão adequados. Elas devem ser de cor marrom-clara e ter bordas relativamente afiadas. Quando necessário, substitua-as pelo modelo exato e pelo número de peças estipulado pelo fabricante do seu motor de popa. A marca, o tipo e o estilo das velas de ignição usadas em seu motor de popa são específicos. Eles contêm atributos de desempenho que são projetados dentro de seu motor de popa. Essas pequenas marcações e os números nas velas de ignição contêm uma grande quantidade de informações sobre a faixa de aquecimento, a profundidade da rosca, etc. — então, não duvide nem tente fazer referências cruzadas aqui. O desempenho do seu motor de popa depende disso.

Passagens 7 entrada de ar
Verifique se há obstruções nas passagens de entrada de ar, como ninhos de pássaros e outros detritos trazidos por criaturas diversas. Olhe também embaixo da carenagem. Não demora muito para que o seu motor de popa ou barco se torne lar de pássaros e insetos locais, e isso pode gerar uma verdadeira confusão quando se trata de diagnóstico de perda de desempenho.

Termostato 8 válvulas pop-off
São re 9 nsáveis por re 10 r a temperatura de operação do seu motor de popa. Simples e eficazes, eles são mais bem observados por meio de qualquer sinal de alteração na temperatura de operação do motor. A operação em água salgada pode causar o acúmulo de depósitos, fazendo com que as válvulas fiquem abertas, o que pode resfriar demais o motor de popa e impedir que ele atinja a temperatura operacional adequada. Pequenos fragmentos de detritos na água de resfriamento podem ficar alojados entre as superfícies de contato e causar a mesma condição. Se isso acontecer, deve ser feita a remoção e uma limpe 12 Consulte o manual do proprietário para obter recomendações específicas de substituição.

Definindo se deve responder

Se você conseguir se envolver de forma bem-sucedida com seu leitor apressado, ainda precisará superar outro obstáculo mental: a decisão sobre se e como responder. Muitas comunicações pedem explicitamente que os leitores ajam, como preencher um formulário, agendar uma reunião, responder a uma pergunta ou solicitação, pagar uma conta e assim por diante. Independentemente dos detalhes, a probabilidade de o leitor realizar essa ação depende muito de quão bem a solicitação é comunicada e de quão fácil é atendê-la. Como todas as decisões que tomamos, esse cálculo é complicado pela nossa vida agitada e nossa tendência a procrastinar.

Há três motivos principais pelos quais os leitores podem não dar continuidade a uma ação solicitada.

Primeiro, eles podem não entender a solicitação que está sendo feita. Essa questão remete a uma parte essencial da escrita eficaz. Se os leitores tiverem que fazer um esforço extra para decifrar o significado de uma mensagem, é muito menos provável que respondam. Eles podem se distrair, adiar a tentativa de entender a solicitação ou apenas desistir e seguir em frente. Como resultado, podem deixar de agir em tempo hábil, se é que o farão. Portanto, o escritor eficaz precisa se concentrar na *clareza* da mensagem.

Em segundo lugar, os leitores podem não achar que a ação é importante ou necessária. Outro aspecto crucial de seu trabalho como escritor eficaz é deixar claro o motivo por que uma mensagem é importante e por que ela é importante para esse leitor em particular. Portanto, o escritor eficaz precisa estabelecer a *relevância* da mensagem.

Por fim, mesmo que os leitores entendam o que está sendo solicitado e aceitem que vale a pena responder, eles podem adiar a ação, sobretudo se a ação solicitada parecer demorada. Muitas vezes, temos a melhor das intenções de seguir adiante, mas sabe como é... Você pode enviar lembretes mais tarde, mas é muito melhor criar as condições para que o leitor aja agora, antes que a procrastinação comece.

Os escritores têm pouco controle sobre o modo como os leitores apressados se envolvem e respondem. Por exemplo, a cada ano eleitoral, as iniciativas de registro de eleitores nos Estados Unidos gastam muito tempo e dinheiro tentando convencer o público a se registrar para votar. Há pouco que os redatores de panfletos podem fazer para simplificar o processo de registro para os cidadãos. O que os escritores eficazes *podem* fazer é descrever e apresentar o processo da forma mais clara e simples possível. Nos capítulos posteriores do livro, mostraremos como fazer isso passo a passo.

No entanto, antes de começar a escrever para leitores apressados, é preciso ter muito claro o motivo *por que* está escrevendo; para se comunicar de forma eficaz, você precisa conhecer seus objetivos. Muitos escritores não conseguem superar esse último e importante obstáculo mental. Felizmente, existem estratégias para ajudá-lo nesse ponto também.

3

Conheça seus objetivos

A escrita eficaz consiste na transferência de informações importantes do escritor para o leitor. Fazer com que o leitor ocupado se envolva e reaja é apenas parte do processo. Você também precisa saber, com muita clareza, o que está tentando alcançar com a sua escrita. O que quer que o leitor entenda? Como quer que o leitor reaja?

Para simplificar, você pode fazer a versão mais essencial dessas perguntas para si mesmo: se o leitor vai gastar apenas cinco segundos com a sua mensagem, *qual é a informação mais importante que você quer que ele leve consigo?* Se você não conhece seus objetivos como escritor, é impossível transmiti-los de forma eficaz aos leitores.

Descobrir suas metas pode ser mais difícil do que parece; em parte, porque os escritores também são ocupados. Muitos de nós enviamos e-mails e mensagens de texto enquanto fazemos malabarismos com dezenas de outras coisas. Quando estamos ocupados, é difícil parar e considerar de modo cuidadoso o que estamos tentando dizer. É muito mais fácil enviar pensamentos rápidos que seguem nosso fluxo de consciência. Às vezes, quando escrevemos o rascunho inicial de uma mensagem, nem sabemos ao certo quais são nossos objetivos. No entanto, se não priorizarmos nossos objetivos para os leitores, eles terão de interpretar o que é importante por conta própria. E podem sair com uma compreensão diferente da que almejávamos.

Felizmente, o próprio processo de escrita pode ajudá-lo a obter clareza: aprimorar suas habilidades como escritor eficaz também aprimorará suas habilidades como pensador lúcido. Adam Grant, psicólogo organizacional e autor de *best-sellers*, explica isso claramente: "Transformar pensamentos em palavras aguça o raciocínio. O que está confuso em sua cabeça fica claro na página".[1]

A maioria dos escritores está acostumada a verificar as falhas de escrita mais simples: erros de digitação e outros erros básicos, como palavras incorretas ou gramática equivocada. Mesmo assim, essas falhas são surpreendentemente comuns. Pense em quantos desses erros você viu recentemente em e-mails oficiais de trabalho, relatórios, atualizações escolares e coisas do gênero — sem contar os que aparecem em mensagens de texto mais casuais ou publicações em redes sociais. Qualquer coisa que atrapalhe o fluxo das palavras distrai o leitor. Os erros de digitação também podem prejudicar seus objetivos, informando implicitamente ao leitor: "Este conteúdo não é importante o suficiente para ser editado". Leitores ocupados retribuirão com alegria, ignorando a *verdadeira* mensagem que você pretendia enviar. Reservar um tempo para limpar suas palavras e apresentá-las de forma legível é o primeiro passo para envolver o leitor.

Contudo, para escrever de forma eficaz, é necessário levar o processo de revisão um pouco além. Começando com um rascunho inicial, os escritores eficazes revisam e revisam de novo até entenderem seus próprios objetivos. Fizemos isso várias vezes durante a escrita deste livro. Mais surpreendente, talvez, é o fato de revisarmos e reescrevermos de forma rotineira nossos e-mails, relatórios e até mesmo nossas mensagens de texto. Esse comportamento pode parecer um exagero,

---

1. Adam Grant (@AdamMGrant), post do Twitter, 24 jul. 2022, 10h10, https://twitter.com/adammgrant/status/1551208238581948416?lang=en.

mas as recompensas são significativas. Quando você adquire o hábito de revisar com foco em objetivos, percebe que suas ideias ficam mais claras e que as coisas que você escreve têm mais probabilidade de causar o impacto desejado.

Não sabe como reescrever de forma eficaz? Em cada revisão, faça sempre a si mesmo estas duas perguntas essenciais: "Qual é a informação mais importante que eu desejo que meus leitores entendam?" e "Como posso facilitar o entendimento dos meus leitores?". Lembre-se de que você não conseguirá atingir seus objetivos como escritor se não souber quais são eles! Quando souber a resposta, você estará pronto para garantir que sua escrita atinja esses objetivos.

O restante deste livro foi elaborado para orientá-lo nesse processo. Selecionamos seis princípios para ajudá-lo a transmitir suas principais informações a leitores apressados (uma vez que você saiba quais são elas!). Os princípios também envolvem uma tensão inerente a toda escrita: os leitores abordam o texto com seus próprios objetivos, que podem não estar alinhados aos objetivos dos escritores. Já vimos por que os leitores podem decidir passar os olhos, escanear ou procrastinar — todas essas estratégias podem prejudicar os objetivos dos escritores se a mensagem não for escrita de forma eficaz. Nos próximos capítulos, discutiremos o modo como os escritores eficazes reconhecem essa tensão e veremos como escrevem de acordo com ela, em vez de pedir ou esperar que os leitores mudem seus objetivos e seu comportamento.

Lembre-se que, se um leitor ignorar informações que consideramos importantes e não agir da maneira que almejamos, *não é culpa do leitor*. Se isso acontecer, é sinal de que nós, como escritores, falhamos.

Em seu livro *O design do dia a dia*, Don Norman argumenta que, se alguém tentar usar um objeto comum, como uma maçaneta de porta, um interruptor de luz ou um forno, e desistir antes de conseguir, a culpa é do designer. Norman fundou o movimento de design centrado no usuário e passou sua carreira estudando essas questões. Seu argumento é que, não importa o quanto um objeto seja bonito ou elegante, o trabalho essencial do designer é ir ao encontro das pessoas, criando objetos que sejam fáceis de usar. Temos uma perspectiva semelhante com relação à escrita prática. Nosso trabalho como escritores é atender os leitores apressados onde eles estão e do modo como eles são.

Temos o ônus de escrever de forma eficaz para nossos leitores. Contudo, esperamos que esse fardo não pareça tão pesado depois que você terminar de ler este livro.

PARTE II

Seis princípios da escrita eficaz

4

Primeiro princípio: menos é mais

"A brevidade é a alma da inteligência", disse Polônio em *Hamlet*, de William Shakespeare. Shakespeare criou essa frase com um duplo significado inteligente. É irônica: *Hamlet* é sua peça mais longa, e Polônio, seu personagem mais prolixo. No entanto, a frase também é totalmente sincera. Shakespeare, talvez mais do que qualquer outro escritor, entendeu o poder duradouro de uma ideia convincente contada de forma breve e memorável. Muitas de suas frases se tornaram parte de nossa linguagem cotidiana, e, quatrocentos anos depois, as palavras de Polônio ainda são um conselho sábio.

No entanto, há um equívoco lamentavelmente difundido entre os escritores de que mais é melhor. Talvez isso se origine de lembranças de ser um estudante se esforçando para atingir o número de palavras exigido em uma redação do nono ano. Talvez reflita a esperança de que escrever muito fará com que pareça que somos inteligentes e que temos muito a dizer. Por outro lado, pode refletir o medo de deixarmos de fora alguma informação importante se não escrevermos muito. Seja qual for a causa de todo esse excesso verbal, a realidade é que mais coisa escrita faz com que os leitores tenham menos probabilidade de ler qualquer coisa.

A princípio, mais escrita toma mais tempo de leitura. O adulto médio absorve cerca de 240 palavras por minuto ao ler textos não ficcionais — apenas quatro palavras por segundo.[1] Embora o tempo necessário para ler algumas palavras ou frases adicionais possa parecer trivial, ele se acumula rapidamente. Mais escrita também exige mais concentração. Tanto as pesquisas acadêmicas quanto nossas observações pessoais confirmam que os leitores têm mais probabilidade de ler mensagens que incluem menos palavras, ideias e solicitações. Aliás, os leitores modernos desenvolveram uma expressão abreviada do inglês para descrever como se sentem em relação à escrita excessivamente prolixa. "TL;DR" [*too long, didn't read*] se tornou uma forma comum, sarcástica — e *curta* — de dizer que algo é "longo demais; [então eu] não li".

Embora a escrita concisa economize tempo e esforço por parte do leitor, ela exige mais tempo e esforço do escritor. O matemático do século XVII Blaise Pascal captou essa troca quando se desculpou: "Eu teria escrito uma carta mais curta se houvesse tido mais tempo".[2] (A citação também foi atribuída a Mark Twain, John Locke e muitos outros, o que confirma o quanto as pessoas se identificam com esse sentimento.) Escrever de forma prolixa é relativamente simples; podemos transcrever nosso fluxo de consciência direto em palavras escritas. Traduzir nossos pensamentos não estruturados em mensagens claras, concisas e articuladas envolve um trabalho mais sério.

A maioria de nós nunca foi treinada na habilidade de escrever de forma concisa. Para agravar o problema, nós também não fomos treinados na habilidade de edição concisa (ou autoedição). Pesquisadores descobriram que as pessoas tendem a acrescentar palavras

---

1. Marc Brysbaert, "How many words do we read per minute? A review and meta-analysis of reading rate", *Journal of Memory and Language*, vol. 109, 2019, p. 104047.
2. "Section: Blaise Pascal". In: *The Yale Book of Quotations*, Fred R. Shapiro, ed. New Haven: Yale University Press, 2006, p. 583.

e conteúdo durante a edição, em vez de removê-los. Em um estudo ilustrativo realizado por Gabrielle Adams e seus colegas da University of Virginia, os participantes foram solicitados a ler e resumir um pequeno artigo sobre a descoberta dos ossos do rei Ricardo III encontrados sob um estacionamento em Leicester, na Inglaterra. Depois de concluírem seu resumo, pediram que o editassem e melhorassem o nível em que ele captava as ideias do artigo. Em resposta, 83% dos participantes *acrescentaram* palavras.[3] O mesmo padrão foi observado em assuntos que variam de itinerários de viagem a patentes: tendemos a acrescentar ideias em vez de subtraí-las ou removê-las no processo de edição.[4]

Consideramos o esforço adicional necessário para escrever de forma concisa como um investimento. Leitores apressados têm mais probabilidade de reservar tempo para se envolver com mensagens curtas, claras e bem estruturadas. E, se eles se envolverem, é mais provável que retirem as informações mais importantes. Gastar um pouco mais de tempo no início para ser conciso pode economizar muito tempo dos escritores no final, reduzindo perguntas posteriores, mal-entendidos e solicitações não atendidas.

Mais palavras afastam os leitores

"Menos é mais" não é apenas um lema útil. É também uma verdade documentada sobre a maneira como os leitores apressados se comportam: mensagens mais longas impedem os leitores de se envolver e os incentivam a procrastinar. Imagine que você abra sua caixa de e-mail

---

3. G. S. Adams, B. A. Converse, A. H. Hales e L. E. Klotz, "People systematically overlook subtractive changes", *Nature*, vol. 592, n. 7853, 2021, pp. 258-261.
4. Katelyn Stenger, Clara Na e Leidy Klotz, "Less is more? In patents, design transformations that add occur more often than those that subtract". In: Design Computing and Cognition'20, John S.
Gero, ed. Cham, Suíça: Springer, 2022, pp. 283-295; Leidy Klotz, *Subtract: The Untapped Science of Less*. Nova York: Flatiron Books, 2021.

e veja as duas mensagens a seguir. Pelas linhas de assunto e pelos remetentes, você sabe que estão relacionadas ao trabalho. Você não se envolve com as mensagens, a não ser para dar uma olhada rápida em seu comprimento.

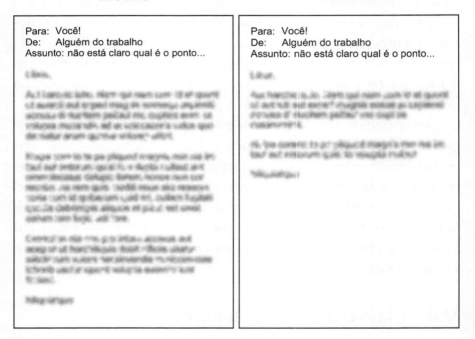

Com qual você lidaria primeiro? Provavelmente, o *conciso*, certo? Em uma pesquisa que realizamos, 165 de 166 profissionais também responderam isso.[5]

Os leitores geralmente interpretam o tamanho de uma mensagem como uma indicação de quanto vai ser difícil e demorado responder a

---

5. Pesquisa realizada durante um treinamento de profissionais que trabalham numa grande organização sem fins lucrativos em dezembro de 2022. N = 166.

ela, o que é outro motivo pelo qual podem optar por não se envolver com uma comunicação prolixa. Em um estudo, enviamos duas versões de um e-mail para 7.002 membros de conselhos escolares nos Estados Unidos solicitando que respondessem a uma breve pesquisa on-line.[6] Um e-mail tinha 147 palavras no original em inglês; o outro, 65 palavras.

PROLIXO

> Olá,
>
> Sou professor em Harvard e estou estudando as opiniões, a tomada de decisões, as metas e as expectativas dos membros do conselho escolar. Como membro do conselho escolar, você tem um trabalho importante e difícil. Você e seus colegas membros do conselho escolar estão tomando decisões críticas neste momento que terão um impacto profundo na vida dos alunos, dos professores e das famílias em suas escolas e comunidades. Sei que estão ocupados com muitas decisões urgentes e importantes enquanto suas escolas reabrem. Líderes de distritos escolares como os senhores estão equilibrando muitos interesses conflitantes. Sua participação será muito útil para a pesquisa que estou realizando. Gostaria de saber como os líderes dos distritos escolares estão pensando sobre os desafios enfrentados pelas escolas neste momento. Poderia responder a esta breve pesquisa? O link está aqui: http://surveylink.com.
>
> Obrigado por sua atenção,
>
> Doutor Todd Rogers, professor de Políticas Públicas

---

6. Pesquisa on-line realizada com 12.230 membros de conselhos escolares em agosto de 2020. O experimento inclui três condições experimentais. Só duas (N = 7.002) são relatadas aqui. A amostra exclui e-mails que voltaram.

CONCISO

Olá,

Sou professor em Harvard e estou estudando as opiniões, a tomada de decisões, as metas e as expectativas dos membros do conselho escolar. ~~Como membro do conselho escolar, você tem um trabalho importante e difícil. Você e seus colegas membros do conselho escolar estão tomando decisões críticas neste momento, que terão um impacto profundo na vida dos alunos, professores e famílias em suas escolas e comunidades. Sei que estão ocupados com muitas decisões urgentes e importantes enquanto suas escolas reabrem. Líderes de distritos escolares como os senhores estão equilibrando muitos interesses conflitantes. Sua participação será muito útil para a pesquisa que estou realizando.~~ Gostaria de saber como os líderes dos distritos escolares estão pensando sobre os desafios enfrentados pelas escolas neste momento. Poderia responder a esta breve pesquisa? O link está aqui: http://surveylink.com.

Obrigado por sua atenção,

Dr. Todd Rogers, professor de Políticas Públicas

O e-mail *conciso* gerou quase o dobro de respostas à pesquisa do que o e-mail *prolixo* gerou — uma taxa de resposta de 4,8% em vez de 2,7%. Alguns leitores provavelmente observaram o tamanho do e-mail *prolixo* e optaram por não se envolver com ele. Outros provavelmente não leram o e-mail até o fim e não perceberam a solicitação no final. Além disso, alguns leitores podem ter usado o tamanho do texto como um sinal de quanto tempo levaria para concluir a pesquisa e decidido ignorar a solicitação (que presumiram que seria exigente). Ambos os e-mails direcionavam os destinatários exatamente para a mesma pesquisa, que levava cerca de cinco minutos para ser concluída pelo aplicativo. No entanto, em um estudo isolado, 29% dos entrevistados que viram o e-mail *conciso* acreditavam que a pesquisa levaria menos de cinco minutos, em comparação com apenas 15% dos entrevistados que viram o e-mail *prolixo*. A maioria dos leitores, mas sobretudo aqueles que têm pouco tempo, provavelmente serão desencorajados por mensagens com as quais esperam que seja difícil de lidar.[7]

Os leitores que desistem no meio de uma mensagem longa praticam o que chamamos de "desistência precoce". Eles podem passar os olhos no texto e decidir que é demais para eles naquele momento — assuntos, ações solicitadas, palavras demais — e seguir em frente antes de terminar, pretendendo retornar mais tarde. Alguns desses desistentes precoces nunca retornarão de fato. Outros podem voltar à mensagem mais adiante, mas até lá talvez tenham perdido um momento crítico: um prazo de pagamento pode ter passado, uma janela de inscrição no seguro pode ter se fechado ou todos os horários de reunião disponíveis podem ter sido preenchidos.

Em média, uma mensagem prolixa será tratada com menos rapidez do que uma mensagem concisa. Na pior das hipóteses, uma mensagem prolixa será relegada ao mesmo destino que as centenas de outras que definham nas caixas de entrada para nunca serem lidas. O inverso do lema talvez seja ainda mais relevante aqui: *mais é menos*.

Mais palavras diluem as informações

As mensagens que contêm mais palavras, mais ideias ou solicitações também tendem a diluir cada informação individual que contêm. Quando as mensagens incluem mais conteúdo, é menos provável que os leitores percebam, entendam ou ajam de acordo com o conteúdo mais importante, por dois motivos.

Primeiro, os leitores que estão passando os olhos podem concluir que entenderam a essência da mensagem e seguir em frente quando, na verdade, não entenderam o ponto principal do autor. Se uma mensagem incluir apenas algumas frases e uma única ideia, é provável que até mesmo uma rápida passada de olhos revele a ideia central. Porém,

---

7. Pesquisa on-line conduzida no MTurk, em fevereiro de 2021. N = 493.

com mensagens mais longas, os leitores podem inadvertidamente pular um conteúdo importante sem perceber. Eles também podem procurar conteúdo ou ideias específicos nos quais estejam interessados e seguir em frente depois de encontrá-los, mesmo que o conteúdo seja o mais importante para quem escreveu. Em outras palavras, os leitores podem atender aos próprios objetivos e deixar de atender aos objetivos do autor.

Em segundo lugar, mensagens mais longas têm mais probabilidade de esgotar a atenção e o foco dos leitores. Em um estudo com o maravilhoso título "TL;DR: Seções mais longas de texto aumentam taxas de distração mental não intencional", um grupo de pesquisadores americanos e canadenses relatou que a atenção dos leitores tem mais probabilidade de se desviar quando eles leem mensagens mais longas.[8] Os leitores que se distraem e não conseguem ler toda a mensagem prolixa podem perder as informações essenciais do escritor.

Escrever de forma concisa requer uma disposição implacável para cortar palavras, frases, parágrafos e ideias desnecessárias. Pode ser difícil excluir as palavras que você gastou tempo elaborando — "matar seus queridos", conforme aconselhado nas palestras clássicas compiladas no livro *On the Art of Writing* [Sobre a arte da escrita].[9] Mas fazer isso aumenta as chances de seu público ler o que você escreve. Nancy Gibbs, ex-editora-chefe da revista *Time*, dizia à sua equipe que cada palavra tem de conquistar seu lugar em uma frase, cada frase tem de conquistar seu lugar em um parágrafo e cada ideia tem de conquistar seu lugar em um texto.[10]

---

8. Noah D. Forrin, Caitlin Mills, Sidney K. D'Mello, Evan F. Risko, Daniel Smilek e Paul Seli, "TL;DR: Longer sections of text increase rates of unintentional mind-wandering", *Journal of Experimental Education*, vol. 89, n. 2, 2021, pp. 278-290.
9. Arthur Quiller-Couch, *On the Art of Writing*, vol. 10. Cambridge, UK: Cambridge University Press, 1916.
10. "Her Time", *Time*, 14 set. 2017, https://time.com/4941028/her-time-nancy-gibbs-editor/.

Os limites do menos

Embora as mensagens concisas comprovadamente superem as prolixas, a maioria das pessoas prevê erroneamente que as mensagens mais prolixas serão mais eficazes.[11] Essa contradição é motivada, em parte, por uma tensão fundamental em muitos tipos de escrita comum. Queremos nos comunicar com o leitor de forma precisa, mas também completa. Queremos que o leitor se envolva e reaja, mas também queremos que ele tenha consciência de que somos um escritor com nuances, emoções e estilo.

É possível equilibrar essas contradições, mas a um custo.

Às vezes, você pode achar que vale a pena o custo de dizer mais. Por exemplo, realizamos um experimento com um estabelecimento escolar durante a pandemia de covid-19, enquanto eles estavam ensinando de forma remota. Mostramos que uma mensagem concisa produzia mais respostas dos pais do que uma mensagem prolixa (falaremos mais sobre isso mais adiante, neste capítulo). A administração escolar decidiu continuar usando a mensagem prolixa mesmo assim.

Por que um estabelecimento escolar enviaria intencionalmente uma mensagem "menos eficaz" aos pais? Porque, nesse caso, isso os ajudava a atingir uma meta mais importante do que obter respostas para uma pesquisa escolar. Seu objetivo principal era reconstruir relacionamentos calorosos com os pais após um ano tumultuado de ensino remoto. Fazer com que os pais respondessem à pesquisa era uma meta secundária. Depois de ponderar essas prioridades, o estabelecimento escolar decidiu que a mensagem mais longa era mais emocional e humana.

---

11. Testamos mensagens curtas e longas em quatro experimentos de campo, usando e-mail e mensagens de texto. Em estudos on-line posteriores, mostramos aos participantes da pesquisa on-line as mensagens reais dos experimentos de campo e pedimos que previssem se a mensagem curta ou a longa seria mais eficaz para fazer com que os destinatários realizassem a ação solicitada. Em todos os casos, a maioria dos participantes da pesquisa previu que a mensagem mais longa seria mais eficaz — muitas vezes, a maioria dos participantes fez essa previsão incorreta.

Ela servia mais aos seus objetivos gerais, mesmo que gerasse menos respostas à pesquisa.

A questão principal é que a escrita eficaz precisa ser adequada ao contexto da comunicação. Podemos fornecer as diretrizes, mas você deve tomar as decisões informadas de como equilibrar o seu desejo de incluir mais palavras, ideias e solicitações com as muitas restrições enfrentadas por um leitor apressado. *Não* recomendamos que os escritores usem de forma categórica as mensagens mais curtas possíveis. Em vez disso, recomendamos que cortem tudo o que puder ser cortado, e nada mais, para atender aos seus objetivos. Contextos diferentes podem exigir considerações diferentes. No entanto, mais frequentemente do que se pensa, menos é mais quando se trata de escrever para pessoas apressadas.

Agora, vamos ver como colocar "menos é mais" para trabalhar em sua escrita eficaz.

As regras de "menos é mais"

Regra 1. Use menos palavras

"Omita palavras desnecessárias" é uma das mensagens principais de *Elements of Style*, de Strunk e White, e é um primeiro passo fácil para uma escrita mais concisa.[12] "Se" é melhor do que "se sim ou se não". "Apesar do fato de que" pode ser substituído por "embora". "Porque" pode facilmente tomar o lugar de "em virtude de". Substituições como essas (e as outras listadas na tabela a seguir) têm significados quase idênticos, mas usam menos palavras, tornando as mensagens visualmente mais curtas e exigindo menos tempo de leitura. O apêndice inclui uma lista mais extensa.

---

12. William Strunk Jr. e E. B. White, *The Elements of Style (Illustrated)*. Nova York: Penguin, 2007.

Substitua isto (*prolixo*)…	**… por isto (*conciso*)**
custa a quantia de	custa
em virtude de	porque
no futuro próximo	logo
sendo esse o caso	assim
se sim ou se não	se
opinião pessoal	opinião
ele é um homem que	ele
não há dúvida de que	claramente
faça a pergunta	pergunte
tinha feito previamente	tinha feito
macio ao toque	macio
especificar em detalhes	detalhar ou especificar
com a exceção de	exceto
descrito como	chamado
com o propósito de	para
um dos motivos	um motivo

A omissão de palavras *realmente* desnecessárias torna sua escrita mais curta sem sacrificar o significado ou a precisão. Portanto, livrar-se de frases longas é relativamente incontroverso. No entanto, às vezes, uma escrita eficaz exige o sacrifício de palavras que não são totalmente desnecessárias, mesmo que também não sejam totalmente fundamentais. Às vezes, vale a pena perder um pouco de precisão e significado para poupar o tempo dos leitores.

Um estudo que realizamos com uma organização chamada Journalist's Resource ilustra os benefícios da omissão estratégica. A organização envia e-mails semanais que incluem recursos sobre assuntos oportunos para jornalistas; esses e-mails são enviados para mais de 50 mil destinatários. Em agosto de 2020, os redatores da organização escreveram um boletim informativo oferecendo aos assinantes seis recursos para saber mais sobre roubo de salários por parte dos empregadores. Por sugestão nossa, eles editaram o boletim original para criar uma versão mais concisa, que contém metade das palavras (até 275 em vez das 566 originais), mas preservando todos os seis recursos linkados.

A versão concisa do boletim do Journalist's Resource manteve o conteúdo principal que eles queriam compartilhar, por exemplo, um estudo que mostra que o roubo de salários é mais provável quando as empresas têm um desempenho ruim. Contudo, para reduzir o número de palavras, o boletim editado omitiu detalhes de apoio de menor prioridade, como uma citação do autor que os autores consideraram relevante, mas não necessária. Metade dos assinantes do boletim informativo recebeu a versão original; a outra metade recebeu a versão concisa. A versão concisa fez com que duas vezes mais assinantes clicassem nos links de recursos do que a versão original.[13] A remoção dos detalhes menos importantes levou à perda de alguma informação, mas *aumentou* substancialmente o envolvimento dos leitores com a mensagem.

Outro estudo que analisou as comunicações em uma empresa de consultoria chegou à mesma conclusão. Os pesquisadores descobriram que os funcionários respondiam mais rápido a e-mails mais curtos e mais focados do que a e-mails mais longos. Quando apresentaram esses resultados a um grupo de executivos da empresa, mostraram dois e-mails reais — um focado e outro divagante — e perguntaram aos próprios executivos como eles lidariam com a mensagem longa e divagante. Mais de um executivo respondeu: "Eu deletaria!".[14]

Regra 2. Inclua menos ideias

Escrever de forma concisa não se resume apenas em limitar o número total de palavras. Envolve também limitar o número de ideias distintas

---

13. Estudo realizado com a Journalist's Resource em agosto de 2021. N = 50.244.
14. Sinan Aral, Erik Brynjolfsson e Marshall W. Van Alstyne, "Harnessing the digital lens to measure and manage information work", *SSRN*, 16 nov. 2010, https://ssrn.com/abstract=1709943.

em uma mensagem. Imagine que você recebesse a seguinte mensagem de um amigo:

> Estou animado para nosso jantar hoje às 18h30. Vamos comer no restaurante italiano Tina's, na Ocean Drive, 651. Os pães do *couvert* deles são ótimos, comi na primavera passada. Ainda não comi a lasanha, mas estou disposto. Dizem que é gostosa. Vamos nos encontrar na minha casa 15 minutos mais cedo para ir a pé de lá. O Sam e o Joey também vão jantar com a gente.

Observe que essa mensagem contém pelo menos oito ideias:

- O autor está animado para o jantar às 18h30.
- O local do jantar será o restaurante italiano Tina's.
- O endereço do Tina's é Ocean Drive, 651.
- O Tina's tem ótimos pães de couvert, que o autor experimentou na primavera.
- O autor não provou a lasanha do Tina's.
- O autor ouviu dizer que a lasanha do Tina's é gostosa.
- O autor quer que o leitor vá à casa do autor às 18h15.
- Sam e Joey vão participar do jantar.

É muita informação! É um caso extremo, mas ilustra o tipo de excesso que todos nós já experimentamos. Nós também somos culpados de criar esse tipo de excesso.

O autor da mensagem parece querer que o leitor conheça todas as oito ideias, mas pelo contexto parece que a ideia mais importante é a sétima: horário e local do encontro. A inclusão de todas as outras ideias diminui a chance de o leitor se apegar a essa ideia-chave. O leitor pode ser dissuadido pelo grande número de palavras e ideias e decidir não se envolver. Ou pode ler a mensagem inteira, mas se distrair com as outras sete ideias e não se lembrar ou não se concentrar nas informações mais importantes para o autor. De qualquer forma, reduzir o número de ideias pode ajudar a garantir que os leitores entendam o ponto mais importante. A mensagem inteira poderia ser condensada em: *O jantar está de pé. A gentes se encontra na minha casa às 18h15*.

Assim como o corte de palavras, o corte de ideias geralmente requer o descarte de informações menos importantes, mas ainda assim relevantes, para enfatizar as informações mais importantes. Isso pode melhorar muito a clareza, mesmo em formas breves de comunicação, como mensagens de texto. Como teste, enviamos uma solicitação de preenchimento de uma pesquisa on-line de um minuto aos pais de um grande estabelecimento escolar público no início da pandemia de covid-19. Metade dos 22.694 pais recebeu um texto de quarenta palavras, que chamaremos de mensagem *prolixa* (embora quarenta palavras não seja tão verborrágico). A outra metade recebeu uma versão de 24 palavras, que chamaremos de mensagem *concisa*.

PROLIXA

> MENSAGEM 1: Agradecemos por participar das atualizações de verão do [nome do colégio]! Sabemos que o ensino a distância pode ser difícil. Queremos ajudar e ter notícias suas.
>
> MENSAGEM 2: Responda a esta pesquisa de 1 minuto para nos ajudar a melhorar nosso programa: [link da pesquisa]

CONCISA

> MENSAGEM 1: Agradecemos por participar das atualizações de verão do [colégio]!
>
> MENSAGEM 2: Responda a esta pesquisa de 1 minuto para nos ajudar a melhorar o nosso programa: [link da pesquisa]

A mensagem *prolixa* incluía duas frases com a intenção de reconhecer as dificuldades que os pais estavam enfrentando naquele estágio da pandemia e demonstrar empatia. Essas frases podem ter acrescentado cordialidade, mas também introduziram uma ideia isolada da solicitação para participar da pesquisa. A mensagem *concisa* acabou gerando 6% mais respostas dos pais do que a mensagem *prolixa*, uma diferença pequena, mas significativa.

Em outro experimento, medimos o impacto do uso de menos ideias e menos palavras em um e-mail de arrecadação de fundos enviado a 776.145 doadores em potencial para um político candidato a um cargo estadual. A versão *prolixa* original continha seis parágrafos, culminando em um apelo de doação. Incluía vários fatos convincentes, inclusive os números das últimas pesquisas e uma atualização sobre o progresso da arrecadação de fundos do oponente. A sabedoria convencional no mundo da angariação de fundos é que mensagens mais longas são mais eficazes, por isso, estávamos curiosos para testar esse conceito.

Quando analisamos a versão *prolixa*, não conseguimos decidir quais ideias eram as mais importantes, além da solicitação essencial de doação. Com a permissão da campanha, criamos uma versão *concisa* excluindo arbitrariamente todos os outros parágrafos, reduzindo o número de ideias aproximadamente pela metade. A maioria de uma amostra independente de entrevistados achou que o e-mail *conciso* fluía de forma menos coerente de um parágrafo para o outro em comparação com o *prolixo*.[15] No entanto, quando a campanha testou as duas mensagens uma comparada à outra, a versão *concisa* arrecadou 16% mais dinheiro do que a original *prolixa*.

---

15. Quando mostramos as duas mensagens lado a lado para 41 profissionais matriculados em um programa de educação executiva em janeiro de 2023, 59% deles acharam que a versão *prolixa* "flui de forma mais coerente de uma frase para a outra" em comparação com a versão *concisa*.

PROLIXA

Para: Você!

De: [NOME DO CANDIDATO]

Data: [DATA]

Assunto: [LINHA DE ASSUNTO]

Eu queria que você ouvisse esta notícia incrível de mim primeiro, [SEU NOME]: Pesquisa após pesquisa tem me mostrado empatado com o (R) não eleito [NOME DO CANDIDATO OPONENTE] na corrida que [SUPRIMIDO].

Agora, nossa campanha movida pelo povo está oficialmente crescendo — uma nova análise de pesquisa do FiveThirtyEight nos mostra [PONTOS] à frente, [x% a x%]!

Mas eis as más notícias: os republicanos agora estão se virando. Além dos [$] milhões que [NOME DO CANDIDATO OPONENTE] já está gastando para comprar esse assento, Mitch McConnell e seus aliados obscuros do Partido Republicano acabaram de prometer despejar mais [$] MILHÕES para esmagar nosso bom momento e manter sua maioria extremista.

Os republicanos sabem que, se perdermos em [estado], os democratas vão [SUPRIMIDO]. Pura e simplesmente. **É por isso que estabelecemos a meta de arrecadar 25.000 dólares até a meia-noite de hoje para manter nosso bom momento, lutar contra os ataques do Partido Republicano e vencer essa disputa.**

Contudo, neste momento, estamos ficando incrivelmente aquém. Se não fecharmos essa lacuna, [NOME DO CANDIDATO OPONENTE] poderá retomar a liderança — e [SUPRIMIDO]. Portanto, tenho de pedir:

Por favor, [SEU NOME], você poderia fazer uma doação de [x] dólares ou mais agora para nos ajudar a atingir nossa meta-base, virar o [ESTADO] para o azul e [SUPRIMIDO]?

Muito obrigado por contribuir com o que puder.

[NOME DO CANDIDATO]

CONCISA

Para: Você!

De: [NOME DO CANDIDATO]

Data: [DATA]

Assunto: [LINHA DE ASSUNTO]

Eu queria que você ouvisse esta notícia incrível de mim primeiro, [SEU NOME]:

Agora, nossa campanha movida pelo povo está oficialmente crescendo — uma nova análise de pesquisa do FiveThirtyEight nos mostra [PONTOS] à frente, [x% a x%]!

Os republicanos sabem que, se perdermos em [estado], os democratas vão [SUPRIMIDO]. Pura e simplesmente. **É por isso que estabelecemos a meta de** arrecadar 25.000 dólares até a meia-noite de hoje **para manter nosso bom momento, lutar contra os ataques do Partido Republicano e vencer essa disputa.**

Por favor, [SEU NOME], você poderia fazer uma doação de [x] dólares ou mais agora para nos ajudar a atingir nossa meta-base, virar o [ESTADO] para o azul e [SUPRIMIDO]?

Muito obrigado por contribuir com o que puder.

[NOME DO CANDIDATO]

De uma forma ou de outra, quase todos os escritores enfrentarão uma escolha entre alcançar mais leitores usando menos ideias ou alcançar menos leitores usando mais ideias. Não há regras universais sobre quantas ideias são demais ou sobre quais delas são importantes manter, mas o princípio é um só: corte o máximo possível em seu contexto específico. Assim como no caso das palavras, um número maior de ideias pode impedir os leitores de se envolver e diminuir a chance de eles captarem informações importantes caso se envolvam.

Regra 3. Faça menos solicitações

Eliminar as palavras e as ideias preciosas que escrevemos pode ser difícil, mas uma escrita prática e eficaz exige um terceiro tipo de autocontrole que pode ser o mais desafiador de todos: pedir menos. Muitas vezes, queremos que os leitores realizem várias ações, como analisar documentos, responder a perguntas, fornecer informações ou até mesmo reconsiderar crenças fundamentais sobre, por exemplo, imigração ou meio ambiente. Antes de começar a aumentar suas metas, lembre-se da facilidade com que os leitores são desviados e distraídos e de como eles têm dificuldades com multitarefas. Pedir *mais* aos leitores apressados pode fazer com que eles façam *menos*.

Imagine receber uma mensagem de um colega com duas solicitações: que você revise um documento longo e que responda a uma pergunta cuja resposta você já sabe. A primeira é relativamente demorada. A segunda pode levar apenas alguns minutos. Você pode adiar a execução de uma das tarefas até ter tempo para fazer as duas. Ou, se tiver tempo, pode começar uma delas. Como tendemos a começar pelas coisas que esperamos que sejam mais fáceis, você provavelmente responderá à pergunta primeiro. No entanto, em seguida, talvez passe para a próxima tarefa da fila e se esqueça da solicitação mais difícil, a revisão do documento longo.

Experiências como essa acontecem conosco com frequência. Elas podem ter consequências mais profundas, sobretudo quando a solicitação está relacionada a uma questão importante. Com isso em mente, um grupo de pesquisadores se propôs recentemente a saber quais mensagens mobilizam as pessoas de forma mais eficaz a tomar medidas para mitigar a mudança climática.[16] Os pesquisadores informaram um grupo de mais de 1.500 participantes sobre os perigos da mudança climática e pediram que eles tomassem medidas. Em seguida, forneceram a alguns dos leitores uma lista de vinte ações relativamente fáceis que poderiam desenvolver para reduzir seu impacto ambiental pessoal, como desligar luzes e eletrodomésticos e comprar um chuveiro de baixo fluxo. Outros leitores receberam apenas uma, cinco ou dez sugestões de ações.

Oferecer menos sugestões (uma, cinco ou dez opções) levou a uma média de duas ações a mais do que oferecer vinte sugestões relativamente fáceis. É possível que os participantes que receberam vinte sugestões de ações tenham achado a mensagem opressora e não tenham conseguido decidir quais realizar. Também é possível que o maior número de ações sugeridas tenha simplesmente dissuadido alguns participantes de lê-las. Não sabemos exatamente qual é o mecanismo cognitivo em ação, mas sabemos que os leitores que receberam mais opções tinham menos probabilidade de realizar qualquer uma delas.

Sobrecarregar os leitores com solicitações não só pode diminuir a probabilidade de que eles tomem uma atitude como também pode diminuir a probabilidade de que os leitores percebam e se lembrem das principais informações da mensagem. Por exemplo, se os participantes que receberam vinte sugestões de ações corretas no aspecto ambiental fossem impedidos de ler a mensagem por completo, eles

---

16. T. M. Andrews, R. Kline, Y. Krupnikov e J. B. Ryan, "Too many ways to help: How to promote climate change mitigation behaviors", *Journal of Environmental Psychology*, vol. 81, 2022, p. 101806.

teriam perdido outras informações importantes sobre a mudança climática, além da lista de ações.

A necessidade de fazer menos solicitações aos leitores pressiona mais uma vez os escritores a priorizar seus objetivos. O popular site *Behavioral Scientist* implementou um programa para aumentar as vendas de sua revista impressa. Enviou a um grupo de assinantes um e-mail promocional contendo informações sobre a edição impressa atual da revista, junto a um link para "saber mais", além de informações semelhantes e um link para a edição anterior mais recente. A principal prioridade da equipe da revista era promover a edição mais recente, mas imaginaram que, já que tinham a atenção das pessoas, poderiam promover também a edição anterior.

Como o *Behavioral Scientist* é dirigido por (adivinhe!) cientistas comportamentais, eles decidiram verificar se a remoção da solicitação de menor prioridade do e-mail aumentaria o envolvimento com a solicitação de maior prioridade: fazer os leitores clicarem no link para saber mais sobre a edição atual. Apresentar um único link no e-mail resultou em mais cliques (50%). A inclusão de um segundo link pode ter parecido um "bônus" que aumentaria o envolvimento dos leitores, mas teve o efeito oposto. Oferecer um segundo link para a edição anterior desviou os leitores da solicitação mais importante, reduzindo drasticamente a probabilidade de que eles a realizassem.

Outro estudo mostra o mesmo padrão entre os leitores de um boletim informativo por e-mail. O National Bureau of Economic Research [Escritório Nacional de Pesquisa Econômica] é uma rede de importantes acadêmicos de economia que produz um boletim semanal altamente conceituado sobre novos trabalhos nesse campo. Cada boletim contém uma breve descrição de todos os artigos de periódicos enviados naquela semana pelos membros da organização, juntamente com um link para cada um desses artigos. O número de artigos incluídos a cada semana varia muito; em uma, pode incluir dez artigos, mas na seguinte, trinta.

Os pesquisadores realizaram um estudo para verificar se a inclusão de mais artigos em seu boletim semanal afetava o impacto que cada um tinha no campo e a quantidade de cobertura que recebia na mídia.[17] Em consonância com o tema "menos é mais", eles descobriram que, quando os boletins incluíam mais artigos, os leitores clicavam em cada um deles com menos frequência. Em média, dobrar o número de artigos em determinada semana diminuiu em 30% a cobertura da mídia de qualquer artigo específico. Também diminuiu, embora de forma menos drástica, o número de vezes que os leitores clicaram para visualizar o artigo acadêmico, o número de vezes que fizeram download e o número de vezes que ele foi citado por outros acadêmicos.

Como todos nós, os leitores do boletim informativo de economia têm tempo e atenção limitados. Quando confrontados com mais demandas de atenção — um número maior de artigos nos quais clicar —, eles não dedicaram mais tempo à tarefa. Apenas clicaram menos em cada um. Aparentemente, o impacto de futuras pesquisas dignas do Prêmio Nobel dependerá, em parte, do fato de elas serem divulgadas durante uma semana de poucas notícias.

Vemos o mesmo efeito acontecer (embora em menor escala) em nossa vida diária: enviamos uma mensagem a um amigo com duas perguntas e recebemos resposta para apenas uma. Recebemos um e-mail de trabalho com várias tarefas e cumprimos apenas uma delas ou nenhuma. Resumindo: brevidade importa.

---

17. Lester R. Lusher, Winnie Yang e Scott E. Carrell, "Congestion on the information superhighway: does economics have a working papers problem?", *National Bureau of Economic Research*, Working Paper n. 29153, ago. 2021.

5

Segundo princípio: facilite a leitura

Há um episódio da série de televisão *Seinfeld* em que o protagonista, Jerry Seinfeld, sofre um acidente com um carro alugado. Quando ele tenta devolver o carro danificado, fica surpreso ao saber que a apólice de seguro que havia comprado não cobre os danos. Enquanto ele discute com a agente da locadora de veículos, ela começa a repreendê-lo: "Se o senhor tivesse lido o contrato de locação...". Seinfeld interrompe, usando sua característica voz indignada: "Você viu o tamanho desse documento? Parece a Declaração de Independência! Quem vai ler isso?".

A resposta de Seinfeld toca em dois grandes impedimentos para uma escrita prática e eficaz: tamanho e complexidade. Já vimos que a extensão de uma mensagem escrita pode dissuadir os leitores de se envolver com ela e, se o fizerem, é menos provável que consigam captar as principais informações. A complexidade pode causar problemas semelhantes ao tornar o processo de leitura excessivamente difícil e cansativo.

"Legibilidade" é uma forma de avaliar a complexidade de uma mensagem; a legibilidade fornece uma medida quantificável de quanto a leitura é fácil ou difícil. Há várias fórmulas para medir a legibilidade, mas geralmente ela é determinada pela análise dos tipos de palavras usadas, do comprimento das frases e da estrutura e da sintaxe gerais da escrita. As avaliações resultantes ajudam a ensinar as pessoas a ler, a combinar os estudantes com textos adequadamente desafiadores e a avaliar a capacidade de um leitor. As forças armadas dos Estados Unidos lideraram os primeiros esforços para desenvolver métricas de legibilidade em 1917, quando o país estava entrando na Primeira Guerra Mundial, com o intuito de avaliar se os soldados conseguiam ler bem o suficiente para desempenhar suas funções.[1]

Nos Estados Unidos, medidas de legibilidade geralmente são apresentadas como uma pontuação numérica ou como o ano escolar que um leitor precisaria concluir no sistema educacional do país para compreender o texto. Por exemplo, um texto escrito em um nível de leitura do sétimo ano deve ser compreensível para um aluno médio do sétimo ano. Para entender os artigos do *The New York Times*, é necessário ler em um nível de leitura do segundo ano do ensino médio; para entender rimas infantis típicas, é necessário ler em um nível do quarto ano do ensino fundamental.

Há alguns problemas óbvios com a medição do nível de acordo com o ano, uma vez que os sistemas e os padrões escolares variam drasticamente nos Estados Unidos (para não mencionar o resto do mundo). No entanto, para escritores eficazes, o conceito principal é a natureza da legibilidade em si. Palavras mais curtas e mais comuns são inerentemente mais fáceis de ler, assim como frases mais curtas e mais simples.

---

1. William H. DuBay, "The principles of readability", *Impact Information*, 2004, https://files.eric.ed.gov/fulltext/ED490073.pdf.

A escrita legível é eficaz

"Não preciso de muito para parar de ler um documento. Portanto, se eu não o entender, não lerei."

"Estava tudo em inglês, mas eu não conseguia entender a lenga-lenga!!! Para mim, parece condescendente e corrupto."

"Eu me perguntava: por que eu é que tinha de fazer o trabalho?"[2]

Todos nós podemos nos identificar com essas citações de não advogados que descrevem sua experiência de trabalho com advogados. Todos os campos têm seus próprios termos e jargões especializados, mas os advogados parecem transformar isso em uma forma de arte. Mensagens complexas e difíceis de ler têm menos probabilidade de ser lidas; se forem lidas, é menos provável que sejam compreendidas. No entanto, com muita frequência, as comunicações práticas são escritas sem um olhar voltado para a legibilidade. Qualquer um que tenha assinado um documento, um contrato de aluguel de imóvel ou (como Jerry Seinfeld) um contrato de aluguel de carro está familiarizado com a enxurrada de lenga-lenga burocrática inescrutável e ineficaz.

As empresas sabem que seus termos e condições, bem como seus documentos legais, raramente são lidos e, por vezes, usam essa impenetrabilidade para fazer piadas discretas. Em 2017, 22 mil pessoas na Inglaterra concordaram, sem saber, com mil horas de serviço comunitário enquanto se inscreviam para obter Wi-Fi público gratuito. A empresa britânica de Wi-Fi Purple disse que inseriu a cláusula para demonstrar "a falta de conscientização do consumidor sobre o que

---

2. Christopher R. Trudeau, "The public speaks: An empirical study of legal communication", *Scribes Journal of Legal Writing*, vol. 14, 2011, p. 121.

ele assina".[3] Outra empresa, a GameStation, adicionou uma cláusula do Dia da Mentira ao seu contrato de licença em 2010. A menos que os usuários tomassem medidas adicionais, a GameStation teria "uma opção intransferível de reivindicar, agora e para sempre, sua alma imortal".[4] Não conseguimos determinar quantas almas a GameStation reivindicou por meio desse contrato.

Entretanto, a má legibilidade da escrita cotidiana pode ter consequências nada engraçadas em nossa vida mortal. Estudos mostram que até 60% dos pacientes que assinam formulários de consentimento informado em pesquisas na área de saúde não entendem as informações contidas nos formulários.[5] É ético inscrever participantes em um estudo de saúde que eles não entendem por completo? A maioria das pessoas provavelmente diria que não. Por outro lado, avanços médicos importantes dependem do consentimento dos pacientes para participar, e as regras de consentimento são ditadas por regulamentos altamente complexos. Mesmo que a ciência seja difícil de explicar, precisamos encontrar maneiras melhores de fazê-lo.

A medicina é de fato complicada demais para ser transmitida de forma simples? Achamos que não. É possível simplificar a escrita, e isso pode melhorar consideravelmente as comunicações práticas na maioria dos contextos. Aumentar a legibilidade pode melhorar a compreensão de documentos jurídicos[6] e livros didáticos[7] sem afetar as informações essenciais que eles comunicam.

---

3. Matthew S. Schwartz, "When not reading the fine print can cost your soul", *npr.org*, 8 mar. 2019, https://www.npr.org/2019/03/08/701417140/when-not-reading-the--fine-print-can-cost-your-soul.

4. Catharine Smith, "7,500 online shoppers accidentally sold their souls to GameStation", *HuffPost*, 25 maio 2011, https://www.huffpost.com/entry/gamestation-grabs-souls--o_n_541549.

5. Ruth Parker, "Health literacy: A challenge for American patients and their health care providers", *Health Promotion International*, 15, n. 4, 2000, pp. 277-283.

6. Joseph Kimble, "Writing for dollars, writing to please", *Scribes Journal of Legal Writing*, vol. 6, 1996, p. 1.

7. Jill Diane Wright, "The effect of reduced readability text materials on comprehension and biology achievement", *Science Education*, vol. 66, 1982, pp. 3-13.

Mesmo nas redes sociais, as pessoas se envolvem mais com publicações escritas de forma simples do que com publicações complexas. Um estudo analisou mais de 4 mil posts no Facebook do *Humans of New York*, um blog de fotografia popular, durante um período de três anos.[8] Publicações escritas de forma simples receberam sistematicamente mais curtidas, comentários e compartilhamentos nas redes. Aumentar a legibilidade em um nível de ensino (ou seja, passar de apropriado para um aluno do quinto ano para apropriado para um aluno do quarto ano) foi associado ao fato de essas publicações receberem mais de 16 mil curtidas adicionais.

Padrões semelhantes se aplicam às onipresentes avaliações on-line de destinos turísticos.[9] Os viajantes geralmente se baseiam nessas avaliações para decidir o que visitar, onde comer e dormir, mas, à medida que o número (e o tipo) de avaliações aumentava, ficava cada vez mais difícil decidir em quais delas confiar. O popular site de viagens Tripadvisor criou um recurso chamado "Esta avaliação foi útil?" para que os viajantes possam analisar os comentários de outros viajantes. As avaliações que obtêm o maior número de votos são colocadas no topo do site. Os pesquisadores analisaram a legibilidade de 41.061 avaliações de 106 atrações em New Orleans, no estado da Louisiana. Nenhuma surpresa: quanto mais legível era a avaliação, mais votos de "útil" ela recebia.

Embora o aumento da legibilidade normalmente se traduza em aumento da eficácia, há exceções. Em muitos contextos, os leitores têm fortes expectativas sociais ou culturais sobre o estilo de escrita apropriado; se a maneira como escrevemos não corresponder a essas expectativas, isso pode afetar a forma como os leitores recebem a

---

8. Ethan Pancer, Vincent Chandler, Maxwell Poole e Theodore J. Noseworthy, "How readability shapes social media engagement", *Journal of Consumer Psychology*, vol. 29, n. 2, 2019, pp. 262-270.
9. Bin Fang, Qiang Ye, Deniz Kucukusta e Rob Law, "Analysis of the perceived value of online tourism reviews: Influence of readability and reviewer characteristics", *Tourism Management*, vol. 52, 2016, pp. 498-506.

mensagem. Por exemplo, as propostas de subsídios enviadas aos Institutos Nacionais de Saúde dos Estados Unidos recebem mais financiamento, em média, quando a escrita é mais complexa. O mesmo efeito foi observado em apelos em sites de arrecadação de fundos como Kickstarter e GoFundMe.[10] Nesses contextos, os leitores podem associar a escrita complexa a um maior esforço, à inteligência e à seriedade.

Conscientes disso, vimos que, em algum momento, o leitor simplesmente não entenderá o que você está tentando dizer. Raramente você errará com uma versão modificada de "menos é mais": busque o mínimo de complexidade que lhe permita envolver o leitor almejado. Você precisa prestar atenção no contexto, mas lembre-se de que uma escrita mais legível é, em essência, uma escrita mais eficaz.

A escrita legível é clara

É importante reconhecer que escrever com menos palavras não necessariamente torna a escrita mais fácil de entender. Afinal de contas, é possível formular unidades linguísticas sucintas utilizando palavreado atípico e imoderado. (Tradução: você pode escrever frases curtas usando palavras desconhecidas e longas.) Também importa quais palavras você escolhe. Se forem apresentadas duas mensagens com o mesmo número de palavras, leva-se menos tempo e menos esforço para ler a que foi escrita com palavras mais simples.[11]

---

10. David M. Markowitz e Hillary C. Shulman, "The predictive utility of word familiarity for online engagements and funding", *Proceedings of the National Academy of Sciences*, vol. 118, n. 18, 2021, e2026045118; David M. Markowitz, "Instrumental goal activation increases online petition support across languages", *Journal of Personality and Social Psychology*, vol. 124, n. 6, 2023, pp. 1133-1145.

11. Alan M. Kershner, "Speed of reading in an adult population under differential conditions", *Journal of Applied Psychology*, vol. 48, n. 1, 1964, p. 25; DuBay, "The principles of readability"; Kristopher Kopp, Sidney D'Mello e Caitlin Mills, "Influencing the occurrence of mind wandering while reading", *Consciousness and Cognition*, vol. 34, 2015, pp. 52-62.

Se todo o restante for igual, as comunicações escritas que são difíceis de ler terão menos probabilidade de ser lidas e de ser compreendidas se forem lidas. É mais provável que os leitores se distraiam e divaguem ao ler textos mais complexos.[12] Eles podem até desistir e seguir em frente se não entenderem uma mensagem ou não tiverem tempo para se dedicar à compreensão dela. Escrever em um estilo desnecessariamente complicado pode gerar sérias consequências no mundo real; a legibilidade dos textos públicos afeta o modo como os pacientes entendem os estudos médicos dos quais consentem em participar,[13] a decisão de voto dos cidadãos[14] e a decisão dos pais ao escolherem a escola para os filhos.[15]

A escrita menos legível também afeta de modo desproporcional os indivíduos com alfabetização limitada; muitos deles são membros de populações historicamente excluídas de forma sistemática. Cerca de metade dos adultos americanos lê em um nível igual ou inferior ao de alunos do oitavo ano.[16] Vinte por cento dos adultos nos Estados Unidos falam (e leem) inglês como segundo idioma,[17] e alguns pesquisadores estimam que uma fração semelhante seja afetada por dislexia.[18]

---

12. Shi Feng, Sidney D'Mello e Arthur C. Graesser, "Mind wandering while reading easy and difficult texts", *Psychonomic Bulletin & Review*, vol. 20, n. 3, 2013, pp. 586-592.
13. Michael K. Paasche-Orlow, Holly A. Taylor e Frederick L. Brancati, "Readability standards for informed-consent forms as compared with actual readability", *New England Journal of Medicine*, vol. 348, n. 8, 2003, pp. 721-726.
14. Shauna Reilly e Sean Richey, "Ballot question readability and roll-off: The impact of language complexity", *Political Research Quarterly*, vol. 64, n. 1, 2011, pp. 59-67; Jason C. Coronel, Olivia M. Bullock, Hillary C. Shulman, Matthew D. Sweitzer, Robert M. Bond e Shannon Poulsen, "Eye movements predict large-scale voting decisions", *Psychological Science*, vol. 32, n. 6, 2021, pp. 836-848.
15. Jessica Lasky-Fink, Carly D. Robinson, Hedy Nai-Lin Chang e Todd Rogers, "Using behavioral insights to improve school administrative communications: The case of truancy notifications", *Educational Researcher*, vol. 50, n. 7, 2021, pp. 442-450.
16. Ann Wylie, "What's the latest U.S. literacy rate?", *Wylie Communications*, 24 maio 2022, https://www.wyliecomm.com/2021/08/whats-the-latest-u-s-literacy-rate/.
17. "The state of languages in the U.S.: A statistical portrait", *American Academy of Arts and Sciences*, 7 dez. 2016, https://www.amacad.org/publication/state-languages-us-statistical-portrait.
18. "Dyslexia FAQ", *Yale Center for Dyslexia & Creativity*, 15 mar. 2023, https://dyslexia.yale.edu/dyslexia/dyslexia-faq.

Para essas populações, bem como para muitas outras, a escrita menos legível é uma barreira adicional à acessibilidade.

No entanto, até mesmo os leitores mais bem alfabetizados e fluentes têm mais probabilidade de ler e entender mensagens mais simples do que as mais complexas. Faça o teste você mesmo: qual das seguintes passagens você acha mais fácil de ler? Se você for como a maioria das pessoas, verá que lê a passagem do nível do oitavo ano com muito mais rapidez e facilidade.

NÍVEL DE LEITURA DO SEGUNDO ANO DA FACULDADE

As medidas de legibilidade são representadas como pontuações quantitativas únicas ou como o nível do grau acadêmico que um leitor precisaria concluir para compreender o texto (com base no sistema dos Estados Unidos).

Por exemplo, o The New York Times *é escrito em um nível de leitura de segundo ano do ensino médio, enquanto a maioria das rimas infantis é escrita em um nível de leitura de quarto ano do ensino fundamental. O uso de palavras curtas e familiares, frases curtas, estrutura frasal simples e voz ativa pode melhorar a compreensão, diminuindo o nível de leitura exigido.*

NÍVEL DE LEITURA DO OITAVO ANO

A legibilidade do texto geralmente é apresentada como um número. Outras vezes, é mostrada como o grau acadêmico que um leitor precisaria completar para entender o texto (com base no sistema dos Estados Unidos).

Por exemplo, a compreensão dos artigos do The New York Times *requer um nível de leitura de segundo ano do ensino médio. A compreensão da maioria das rimas infantis requer um nível de leitura de quarto ano do ensino fundamental. Para diminuir o nível de leitura, use palavras curtas e familiares, frases curtas, tempo verbal simples e voz ativa. Fazer isso pode ajudar mais leitores a entender a mensagem.*

O Tio Sam entende isso. Os órgãos federais dos Estados Unidos são obrigados por lei a se comunicar com o público de forma legível. A Lei da Escrita Simples de 2010 exige que esses órgãos escrevam em uma linguagem "simples", que o público consiga "entender e usar". Essa regra faz com que todos os documentos federais do país, desde formulários de impostos até solicitações de benefícios de previdência social, sejam escritos em linguagem clara e simples. Ironicamente, as "diretrizes federais de linguagem simples"[19] compõem um documento de 118 páginas, escrito em um nível de leitura de primeiro ano do ensino médio. Há um limite para o quanto o governo pode regulamentar a escrita eficaz.

Da mesma forma que os escritores tendem a usar muitas palavras e incorporar muitas ideias, eles também tendem a ter muita complexidade em sua linguagem. Esse problema ocorre em toda parte, não apenas em documentos governamentais e formulários de consentimento médico. Em 2019, dois pesquisadores jurídicos e de negócios analisaram os termos e as condições de mais de quinhentos sites comuns e descobriram que, em média, sua legibilidade era comparável à de artigos de revistas acadêmicas. Nesse nível, os contratos são inacessíveis para a grande maioria dos adultos.[20]

Algo semelhante acontece com contratos de cartão de crédito, formulários de consentimento de pesquisa e documentos de seguros.[21] Em alguns casos, isso pode ser intencional, embora não seja ético. As empresas de cartão de crédito podem não querer que os clientes leiam

---

19. "Federal Plain Language Guidelines", *Plain Language Action and Information Network*, maio 2011, https://www.plainlanguage.gov/media/FederalPLGuidelines.pdf.
20. Uri Benoliel e Samuel I. Becher, "The duty to read the unreadable", *Boston College Law Review*, vol. 60, 2019, p. 2255.
21. Alyxandra Cash e Hui-Ju Tsai, "Readability of the credit card agreements and financial charges", *Finance Research Letters*, vol. 24, 2018, pp. 145-150; Paasche-Orlow, Taylor e Brancati, "Readability standards for informed-consent forms"; Steven Walfish e Keely M. Watkins, "Readability level of health insurance portability and accountability act notices of privacy practices utilized by academic medical centers", *Evaluation & the Health Professions*, vol. 28, n. 4, 2005, pp. 479-486.

todos os termos e condições para que não percebam todas as consequências de acumular taxas de atraso e juros por falta de pagamento. As empresas de aluguel de carros podem esperar genuinamente que muitos clientes não percebam os tipos de danos pelos quais são responsáveis. Para corporações ou indivíduos mal-intencionados, diminuir a legibilidade de um texto é uma forma de ocultar informações que eles não querem que os consumidores saibam.

Como você está lendo este livro, presumimos que, assim como nós, atue do outro lado. Nosso negócio é tentar garantir que nossos leitores entendam o que temos a dizer, portanto, nos concentramos em estratégias para melhorar a legibilidade. E também temos regras para isso; as mais importantes englobam usar palavras mais curtas e mais comuns e escrever frases mais diretas e curtas.[22]

As regras da escrita legível

Regra 1. Use palavras curtas e comuns

Há mais de um século, Mark Twain capturou de forma incisiva a importância da linguagem simples quando disse "não use uma palavra de cinco dólares quando uma palavra de cinquenta centavos serve".[23] (Bem, talvez ele tenha dito isso. A origem real da citação é obscura — em grande parte porque muitas pessoas se identificaram e a repetiram ao longo dos anos.) As palavras de cinco dólares tendem a ser mais obscuras, mais complicadas e consideradas "mais sofisticadas" do que as palavras de cinquenta centavos. O que é mais importante para nossos propósitos é

---

22. As pesquisas sobre legibilidade tradicionalmente se concentram em fatores como o número de palavras por frase, o número de sílabas e a complexidade da frase. Nossas regras expandem essas definições tradicionais a fim de desenvolver orientações práticas para os escritores.
23. Embora essa citação seja amplamente atribuída a Twain na internet, não conseguimos encontrar nenhuma fonte confiável que indique quando e onde Twain disse isso.

que elas também tendem a ser mais difíceis e demoradas de ler. Pense em *aquiescer* versus *concordar* — qual é mais fácil de ler e entender?

Em geral, palavras com menos sílabas e que são usadas com mais frequência podem ser lidas com mais facilidade e rapidez. O Google tem uma ferramenta chamada Ngram Viewer[24] que mostra a frequência com que diferentes palavras foram usadas em todos os textos disponíveis on-line ao longo do tempo.[25] Essa ferramenta mostra que, quando duas palavras são sinônimos, a mais curta geralmente se torna a mais escrita. *Próximo* é mais comum do que *subsequente*, *comprar* é mais comum do que *adquirir*, *mostrar* é mais comum do que *demonstrar*, e assim por diante. Este é um elemento fundamental da escrita legível: escritores eficazes deixam de lado suas pretensões de cinco dólares e substituem palavras mais longas e menos comuns por outras mais curtas e mais comuns.

Observe que estamos mesclando dois conceitos aqui. Palavras mais curtas geralmente são mais legíveis do que palavras mais longas, e palavras comuns geralmente são mais legíveis do que palavras incomuns. Muitas vezes, esses conceitos convergem: por exemplo, a palavra *impedir* tem menos letras e sílabas do que a palavra *atravancar*, e *parar* também é a mais comum. Ocasionalmente, porém, comprimento e frequência não se alinham. A palavra *douto* tem menos sílabas do que a palavra *especialista*, mas *especialista* é cinco vezes mais comum. Nesse caso, seria melhor selecionar a palavra mais comum, pois mais leitores saberão o que ela significa, mesmo que seja mais longa.

Suas escolhas de palavras têm um impacto cumulativo, tornando sua escrita mais fácil ou mais difícil de ler. Considere as duas frases a seguir.

---

24. N. da T.: A ferramenta não está disponível em português; portanto, as palavras aqui mostradas são traduções das palavras do inglês, mas não sabemos com certeza qual delas é mais recorrente em nosso idioma.

25. "Google Books Ngram Viewer — Google Product", s.d., https://books.google.com/ngrams/.

Menos legível: *Quando os escribas usam palavras sofisticadas e inconvencionais, isso pode atravancar a compreensão dos leitores.*

Mais legível: *Quando os escritores usam palavras sofisticadas e incomuns, isso pode prejudicar a compreensão dos leitores.*

As duas frases contêm o mesmo número total de palavras (15), mas as palavras da versão *menos legível* têm mais sílabas (40) do que as da versão *mais legível* (38). As palavras menos legíveis também são muito menos comuns: "escribas" é menos comum do que "escritores", "inconvencionais" é menos comum do que "incomuns" e "atravancar" é menos comum do que "prejudicar". Os leitores podem levar mais tempo para reconhecer a palavra menos usada, o que pode retardar a leitura e prejudicar sua atenção.

Para um exemplo da vida real, veja esta placa colocada por uma cidade canadense que ganhou o Prêmio WTF em 2014 do Center for Plain Language [Centro para Linguagem Simples].[26] (Você pode associar "WTF" a *what the f*ck*, mas, neste caso, significa "Work That Failed" (trabalho que falhou). Todos os anos, o Prêmio WTF é concedido a uma comunicação governamental que é desnecessariamente difícil de ler.

> **AS PESSOAS DEVERÃO REMOVER TODOS OS EXCREMENTOS DOS ANIMAIS DE ESTIMAÇÃO EM CONFORMIDADE COM A LEI N. 122-87.**
>
> **MULTA MÁXIMA: US$ 2.000,00.**
>
> **OBRIGADO!**

---

26. Evan Halper, "These word cops stand guard to leep language clear and simple", *Los Angeles Times*, 19 fev. 2021, https://www.latimes.com/politics/story/2021-02-19/enemies-opaque-deep-state-intolerant-of-government-incoherence.

Sabe-se lá quantas pessoas deixaram de recolher a sujeira de seus animais de estimação por causa dessa placa desnecessariamente complicada. Claramente, até mesmo um leitor experiente de textos burocráticos levaria mais tempo para entendê-la do que para entender uma mensagem que usasse palavras mais curtas e mais comuns. Quando mostramos essa placa aos nossos alunos, um deles propôs a mensagem a seguir. Para nós, parece uma melhoria significativa.

RECOLHA O COCÔ DO SEU ANIMAL DE ESTIMAÇÃO.

SEGUNDO A LEI N. 122-87, A MULTA MÁXIMA É DE US$ 2.000,00.

OBRIGADO.

O uso de palavras mais curtas e mais comuns pode tornar todos os tipos de textos mais eficazes, até mesmo os tuítes, que já são obrigados a ser concisos por causa das regras do meio (não é permitido mais de 280 caracteres por tuíte). Pesquisadores analisaram a legibilidade de centenas de milhares de tuítes com base na frequência das palavras. Os tuítes que usavam as palavras mais comuns receberam cerca de 75% mais retuítes do que os que usavam as palavras menos comuns.[27] Portanto, provavelmente você também não vai querer tuitar sobre instruções "em conformidade".

Contudo, às vezes, os escritores precisam burlar as regras de legibilidade para transmitir uma mensagem ou um tom específico. Por exemplo, eles podem usar palavras menos comuns ou mais compli-

---

27. Markowitz e Shulman, "The predictive utility of word familiarity".

cadas para demonstrar conhecimento, inteligência ou importância. Alguns campos profissionais desenvolveram vocabulários especializados para falar com precisão sobre conceitos a respeito dos quais os não especialistas não precisam falar. Em outros contextos, a complexidade da escrita pode ser usada como regra geral para avaliar a competência e a inteligência do escritor. Isso pode ser particularmente importante nos casos em que há uma dinâmica de poder entre leitor e escritor. Os escritores de status relativamente baixo (por exemplo, em termos de posição profissional ou condição social) podem correr o risco de ser vistos como menos inteligentes se escreverem de forma simples, ao passo que os escritores de status mais alto podem ser aplaudidos por serem simples.

O problema surge quando os escritores usam palavras sofisticadas sem querer, de forma a prejudicar a compreensão do leitor e os próprios objetivos. Em muitos contextos, o uso de palavras como "sofisticado" em vez de "chique" pode ser visto como pretensioso ou excludente. Em uma versão inicial deste livro, usamos o termo "heurística" em vez de "regra de ouro" para descrever os atalhos conceituais que as pessoas usam para reduzir o esforço mental necessário para tomar decisões ou entender situações. Os dois termos significam a mesma coisa. A princípio, escrevemos "heurística" porque é o termo-padrão usado no meio acadêmico, mas quase não é usado em nenhum outro lugar. Voltamos, revisamos e percebemos que "regra de ouro" é mais eficaz para nossos propósitos.

A maioria dos textos práticos não exige e nem mesmo se beneficia do uso de palavras mais longas ou menos comuns. E as desvantagens de uma linguagem mais complexa e menos legível podem ser significativas. Em um estudo, os pesquisadores pediram aos participantes que lessem os códigos de ética publicados por 188 empresas de capital aberto e avaliassem o grau de moral e confiança que eles acreditavam que as empresas tinham. As empresas com códigos de ética menos legíveis foram classificadas como menos morais e menos confiáveis.[28]

Algumas pesquisas sugerem que os escritores que usam palavras mais simples, na verdade, parecem *mais* inteligentes do que aqueles que usam palavras menos simples. O artigo acadêmico que relata essa descoberta tem o divertido título de "Consequences of Erudite Vernacular Utilized Irrespective of Necessity: Problems with Using Long Words Needlessly" [Consequências do vernáculo erudito utilizado independentemente da necessidade: problemas com o uso desnecessário de palavras compridas].[29] Esse artigo demonstrou que os estudantes universitários classificaram os escritores que usavam linguagem complexa como menos inteligentes do que os escritores que usavam linguagem mais simples. O artigo ganhou o Prêmio Ig Nobel de Literatura de 2006, uma premiação criada para "homenagear realizações que, primeiro, fazem as pessoas rirem e, depois, as fazem pensar".

Mesmo no meio acadêmico, houve uma mudança em direção a uma escrita mais legível. A associação para profissionais e acadêmicos de marketing American Marketing Association instrui os candidatos a autores afirmando que sua revista "foi projetada para ser lida, não decifrada".[30] A prestigiada revista *Nature* especifica que os artigos submetidos devem ser "escritos de forma clara e simples para que sejam acessíveis aos leitores de outras disciplinas e aos leitores cujo primeiro idioma não é o inglês".[31] Afinal de contas, os acadêmicos apreciam a

---

28. David M. Markowitz, Maryam Kouchaki, Jeffrey T. Hancocke e Francesca Gino, "The deception spiral: Corporate obfuscation leads to perceptions of immorality and cheating behavior", *Journal of Language and Social Psychology*, vol. 40, n. 2, 2021, pp. 277-296.
29. Daniel M. Oppenheimer, "Consequences of erudite vernacular utilized irrespective of necessity: Problems with using long words needlessly", *Applied Cognitive Psychology*, vol. 20, n. 2, 2006, pp. 139-156.
30. "Submission Guidelines: Journal of Marketing", *American Marketing Association*, 10 ago. 2022, https://www.ama.org/submission-guidelines-journal-of-marketing/.
31. "Formatting Guide", *Nature*, https://www.nature.com/nature/for-authors/formatting--guide.

escrita eficaz, assim como todos os outros. Um estudo descobriu até mesmo que os artigos acadêmicos mais legíveis têm cinco vezes mais chances de ganhar prêmios do que os menos legíveis.[32]

Quando estiver equilibrando as compensações entre legibilidade e uso de palavras mais longas, menos comuns, mas (potencialmente) mais precisas, faça a si mesmo duas perguntas. Primeira pergunta: qual é o valor das diferenças sutis no significado das palavras para transmitir a essência da frase? Segunda: o significado adicional transmitido pela palavra mais difícil de ler vale o custo de menos leitores se envolverem e entenderem essa palavra e o esforço maior exigido por aqueles que o fazem? Contextos diferentes exigirão soluções diferentes, mas os escritores devem sempre pesar os custos que impõem aos seus leitores apressados. Essas palavras de cinco dólares talvez não valham o custo.

Regra 2. Escreva frases diretas

Assim como algumas palavras exigem mais tempo e esforço para serem lidas do que outras, o mesmo ocorre com as frases. Os seres humanos evoluíram para falar e ouvir, muito antes de desenvolverem a capacidade de ler e escrever. Como tendemos a conversar com frases curtas e incompletas, nosso cérebro evoluiu para facilitar a compreensão desses tipos de estruturas linguísticas. Frases longas e completas são relativamente incomuns na linguagem falada e, portanto, desafiam nossas habilidades mentais limitadas. Essa perspectiva evolutiva pode ajudar a orientar uma escrita eficaz. Pode parecer um conselho simples e até infantil, mas entender exatamente como escrever frases mais curtas e diretas é uma habilidade extremamente útil.

Há muitas abordagens gramaticais que podem melhorar a legibilidade das frases, como o uso da voz ativa, da primeira pessoa e da es-

---

32. A. G. Sawyer, J. Laran e J. Xu, "The readability of marketing journals: Are award-winning articles better written?", *Journal of Marketing*, vol. 72, n. 1, 2008, pp. 108-117.

trutura paralela, além de manter o sujeito, o verbo e o objeto próximos uns dos outros.[33] No entanto, esses tipos de regras podem ser complicados de descrever, lembrar e seguir. (Quantas pessoas sabem o que significa "estrutura de frase paralela"?) Para simplificar, agrupamos todas essas abordagens em um único conceito orientador: *escreva de forma que os leitores consigam entender o significado de uma frase após uma única leitura.*

Frases simples seguem uma ordem lógica, com todas as palavras e orações relevantes próximas umas das outras. Cada palavra se baseia na anterior para ajudar os leitores a entender a frase conforme se aproximam do final. Essa estrutura permite que os leitores entendam a essência de uma frase rapidamente e com o mínimo de esforço.

> **Menos direta:** *Da forma como esta frase foi escrita, com a oração extra e o fraseado estranho, eu me pergunto se as pessoas a entenderão.*
>
> **Mais direta:** *Eu me pergunto se as pessoas entenderão a forma como esta frase foi escrita, com a oração extra e o fraseado estranho.*

Ambas as frases estão corretas no âmbito gramatical e contêm exatamente as mesmas palavras e expressões. A única diferença é que elas estão ordenadas de forma diferente — mas que diferença! A oração "eu me pergunto se as pessoas entenderão" está relacionada à "forma como esta frase está escrita". Na versão *Menos direta*, a frase "com a oração extra e o fraseado estranho" interrompe esses dois componentes. Quando os leitores chegarem a "eu me pergunto se as pessoas entenderão", talvez não reconheçam a que oração ela se refere. Talvez seja necessário voltar ao início da frase e tentar de novo. Enquanto isso, os leitores da versão *Mais direta* podem entender a frase de forma crescente, à medida que ela for ligando uma palavra e uma oração à outra.

---

33. DuBay, "The principles of readability"; Edward Gibson, "Linguistic complexity: Locality of syntactic dependencies", *Cognition*, vol. 68, n. 1, 1998, pp. 1-76.

As frases diretas ordenam as palavras e as orações relevantes umas ao lado das outras, para que elas façam sentido imediatamente após as palavras e orações anteriores. Ou seja, uma frase direta não exige que os leitores pulem de um lado para outro. Manter as coisas bem ordenadas aumenta a probabilidade de os leitores entenderem o significado completo da frase em apenas uma passagem, diminuindo a chance de abandonarem a leitura.

Regra 3. Escreva frases mais curtas

Já vimos os benefícios de usar menos palavras. No entanto, mesmo se mantivermos constante o número total de palavras, escrever frases mais curtas, em geral, torna a mensagem mais fácil de ler. Você pode verificar isso por si mesmo: é mais fácil ler duas frases de dez palavras do que uma frase de vinte palavras. Essa pode ser uma das razões pelas quais o tamanho médio das frases escritas diminuiu ao longo dos anos.[34] Os romances publicados em 1800 tinham em média 27 palavras por frase, enquanto os publicados em 2000 tinham em média apenas dez.[35] Caso esteja se perguntando, a diminuição do tamanho das frases não significa que nos tornamos menos inteligentes. Ao contrário, vários estudos constataram um aumento nas pontuações de QI em todo o mundo, um fenômeno conhecido como efeito Flynn.[36]

Os discursos de posse dos presidentes dos Estados Unidos também incorporaram frases mais curtas ao longo do tempo. As cinco

---

34. Karolina Rudnicka, "Variation of sentence length across time and genre". In: *Diachronic Corpora, Genre, and Language Change*, ed. Richard J. Whitt. Amsterdã: John Benjamins, 2018, pp. 219-240.
35. Mark Liberman, Angela Duckworth, Lyle Ungar, Benjamin Manning e Jordan Ellenberg, trabalho em andamento, 2023.
36. Lisa H. Trahan, Karla K. Stuebing, Merrill K. Hiscock e Jack M. Fletcher, "The Flynn effect: A meta-analysis", *Psychological Bulletin*, vol. 140, n. 5, 2014, p. 1332, https://doi.org/10.1037/a0037173.

primeiras frases do discurso do presidente George Washington em 1789 tinham em média 64 palavras; entretanto, as cinco primeiras frases do discurso do presidente Joseph Biden em 2021 tiveram em média apenas sete palavras cada uma. Não estamos escolhendo de forma seletiva os dados. Em quase todos os lugares para os quais olhamos, vemos um declínio gradual, mas consistente, no comprimento das frases.[37]

Alguns estudiosos debatem os motivos dessa mudança, mas uma das consequências é bastante clara: as frases se tornaram mais fáceis de ler. Essa tendência é útil para você como escritor eficaz. Isso significa que, além de serem mais fáceis de ler, as frases curtas e legíveis são cada vez mais familiares e culturalmente aceitas.

Um motivo pelo qual as frases curtas são mais fáceis de ler do que as mais longas pode ser o fato de que as mais longas em geral incorporam mais de uma ideia. Os leitores são ensinados a entender cada frase antes de passar para a próxima. Estudos de rastreamento ocular capturam esse processo em ação. Os olhos dos leitores fazem uma pausa quando chegam a um ponto no final da frase, aparentemente para processar e integrar a frase.[38] O ponto no final de uma frase indica que determinado conceito unificado está agora completo. Os leitores, então, fazem uma breve pausa, processam e se certificam de que entenderam a frase concluída antes de prosseguir. Frases mais longas exigem que os leitores mantenham mais conteúdo na mente antes de processarem a frase completa — uma tarefa cognitiva mais exigente, em especial se a frase contiver diversas ideias independentes.

---

37. Liberman et al., trabalho em andamento, 2023.
38. Keith Rayner, Gretchen Kambe e Susan A. Duffy, "The effect of clause wrap-up on eye movements during reading", *Quarterly Journal of Experimental Psychology: Section A*, vol. 53, n. 4, 2000, pp. 1061-1080; também Keith Rayner, Sara C. Sereno, Robin K. Morris, A. Rene Schmauder e Charles Clifton Jr., "Eye movements and on-line language comprehension processes", *Language and Cognitive Processes*, vol. 4, n. 3-4, 1989, pp. SI21-SI49.

Dois discursos de posse presidencial dos Estados Unidos: cinco frases iniciais[39]

	George Washington, 1789	Joseph Biden, 2021
1.	Entre as adversidades inerentes à vida, nenhum evento poderia ter me enchido de maior ansiedade do que aquele cuja notificação foi transmitida por sua ordem e recebida no dia 14 do mês corrente. (33 PALAVRAS)	Este é o dia da América. (6 PALAVRAS)
2.	Por um lado, fui convocado por meu país, cuja voz nunca posso ouvir a não ser com veneração e amor, de um retiro que eu havia escolhido com a mais carinhosa predileção e, em minhas esperanças lisonjeiras, com uma decisão imutável, como o asilo de meus anos de declínio: um retiro que se tornou cada dia mais necessário e mais desejado para mim, pela adição do hábito à inclinação e de frequentes interrupções em minha saúde ao desperdício gradual cometido pelo tempo. (82 PALAVRAS)	Este é o dia da democracia. (6 PALAVRAS)
3.	Por outro lado, a magnitude e a dificuldade da confiança para a qual a voz de meu país me chamou, sendo suficiente para despertar no mais sábio e experiente de seus cidadãos um exame desconfiado de suas qualificações, não poderia deixar de sobrecarregar com desânimo alguém que, herdando dotes inferiores da natureza e não praticando os deveres da administração civil, deveria estar peculiarmente consciente de suas próprias deficiências. (68 PALAVRAS)	Um dia de história e esperança. (6 PALAVRAS)

---

39. George Washington, "First Inaugural Speech", 30 abr. 1789, *National Archives*, transcrição, https://www.archives.gov/milestone-documents/president-george-washingtons-first-inaugural-speech; Joseph R. Biden Jr., "Inaugural Address", 20 jan. 2021, White House Briefing Room, Speeches and Remarks, https://www.whitehouse.gov/briefing-room/speeches-remarks/2021/01/20/inaugural-address-by-president-joseph-r-biden-jr/.

4.	Nesse conflito de emoções, tudo o que ouso afirmar é que tenho estudado fielmente para cumprir meu dever a partir de uma apreciação justa de cada circunstância pela qual ele possa ser afetado. (33 PALAVRAS)	De renovação e decisão. (4 PALAVRAS)
5.	Tudo o que ouso esperar é que, se ao executar essa tarefa, fui demasiadamente influenciado por uma grata lembrança de casos anteriores ou por uma sensibilidade afetuosa a essa prova transcendente da confiança de meus concidadãos; e, a partir daí, consultei muito pouco a minha incapacidade, bem como a minha falta de inclinação para os cuidados pesados e não experimentados que tenho diante de mim, meu erro será paliado pelos motivos que me induziram ao erro, e suas consequências serão julgadas pelo meu país com alguma parcela da parcialidade em que se originaram. (93 PALAVRAS)	Em uma dura prova que entrará para a história, a América foi testada de novo e venceu o desafio. (19 PALAVRAS)

Considere o que teria acontecido se tivéssemos combinado as duas primeiras frases desta seção:

> **Separadas:** *Já vimos os benefícios de usar menos palavras. Mas, mesmo se mantivermos constante o número total de palavras, escrever frases mais curtas geralmente torna a mensagem mais fácil de ler.*
>
> **Combinadas:** *Já vimos os benefícios de usar menos palavras, mas, mesmo se mantivermos constante o número total de palavras, escrever frases mais curtas geralmente torna a mensagem mais fácil de ler.*

As frases *separadas* contêm trinta palavras, duas frases e duas ideias; cada frase tem uma ideia principal. Juntas, essas frases são escritas em um nível de leitura de oitavo ano. A frase *combinada* usa as mesmas trinta palavras, mas elas são combinadas em uma frase longa. O texto ainda está correto no aspecto gramatical, mas as duas ideias agora estão contidas em uma única frase que o leitor precisa processar e acompanhar durante a leitura. Mesmo que a frase *combinada* use exatamente as mesmas palavras que as frases *separadas*, seu comprimento faz com que ela seja escrita em um nível de segundo ano universitário.

As regras em ação: como é a escrita legível

A aplicação das regras de fácil leitura não significa que você esteja emburrecendo sua escrita. O livro *O velho e o mar*, de Ernest Hemingway, foi escrito em um nível de leitura de quarto ano. Além de ser uma de suas obras mais duradouras, rendeu-lhe o Prêmio Nobel de Literatura — em parte, porque seu estilo de escrita "simples" contrastava com as normas literárias da época.

Escrever em um estilo que seja fácil de ler não é necessariamente fácil. Talvez você tenha que desaprender algumas das técnicas excessivamente formais e complicadas que muitos de nós aprendemos no ensino médio e na faculdade. Talvez tenha que se opor a colegas, coautores ou chefes que se apegam à ideia de que a escrita complexa parece automaticamente mais inteligente ou profissional. Usar palavras curtas e comuns e escrever com frases curtas e diretas requer tempo e atenção adicionais. No entanto, esse investimento vale a pena, pois nada do que escrevemos terá importância se as pessoas não lerem. E, com a prática, escrever de forma legível se torna mais fácil.

Seu treinamento começa agora, enquanto ilustramos o modo como funciona a revisão para facilitar a leitura. Começaremos com uma frase complexa e aplicaremos cada regra individualmente. Este exemplo foi extraído de um artigo sobre os desafios apresentados pelos plebiscitos, em que o público pode votar de forma direta nas políticas públicas.[40] (O artigo, ironicamente, tinha o intuito de chamar a atenção para o problema da linguagem obscura!)

FRASE INICIAL:
Geralmente elaboradas com uma linguagem insidiosamente complexa, projetada para abstrair detalhes contenciosos, as propostas de plebiscito são propagadas como uma ferramenta de democracia direta em 24 estados e em Washington, D.C.

Aplique a regra 1. *Use palavras curtas e comuns.* Vamos editar essa frase substituindo palavras longas e menos comuns por alternativas mais curtas e mais comuns.

ILUSTRADA:
*Geralmente ~~elaboradas~~ escritas com uma linguagem **enganosamente complicada** ~~insidiosamente complexa~~, projetada para ~~abstrair~~ **esconder** detalhes ~~contenciosos~~ **polêmicos**, as propostas de plebiscito são ~~propagadas~~ **usadas** como uma ferramenta de democracia direta em 24 estados e em Washington, D.C.*

EDITADA:
Geralmente escritas com uma linguagem enganosamente complicada, projetada para esconder detalhes polêmicos, as propostas de plebiscito são usadas como uma ferramenta de democracia direta em 24 estados e em Washington, D.C.

Aplique a regra 2. *Escreva frases diretas.* Vamos editar essa frase agora, tornando-a fácil de entender em uma única passagem, colocando os elementos importantes da frase um ao lado do outro.

---

40. Rachel Hvasta, "Ballot measure inaccessibility: obscuring voter representation", 9 fev. 2020, https://www.americanbar.org/groups/crsj/publications/human_rights_magazine_home/voting-rights/ballot-measure-inaccessibility--obscuring-voter-representation/.

ILUSTRADA:

Geralmente escritas com uma linguagem enganosamente complicada, projetada para esconder detalhes polêmicos, as propostas de plebiscito são usadas como uma ferramenta de democracia direta em 24 estados e em Washington, D.C.

EDITADA:

As propostas de plebiscito são usadas como uma ferramenta de democracia direta em 24 estados e em Washington, D.C., e geralmente são escritas com uma linguagem enganosamente complicada, projetada para esconder detalhes polêmicos.

Por fim, aplique a regra 3. *Escreva frases mais curtas.* Ao separar as ideias individuais, fica mais fácil para o leitor se concentrar no significado central.

ILUSTRADA:

As propostas de plebiscito são usadas como uma ferramenta de democracia direta em 24 estados e em Washington, D.C., e **Elas** *geralmente são escritas com uma linguagem enganosamente complicada, projetada para esconder detalhes polêmicos.*

EDITADA:

As propostas de plebiscito são usadas como uma ferramenta de democracia direta em 24 estados e em Washington, D.C. Elas geralmente são escritas com uma linguagem enganosamente complicada, projetada para esconder detalhes polêmicos.

Ao longo de três etapas, passamos disto:

Geralmente elaboradas com uma linguagem insidiosamente complexa, projetada para abstrair detalhes contenciosos, as propostas de plebiscito são propagadas como uma ferramenta de democracia direta em 24 estados e em Washington, D.C.

A isto:

> *As propostas de plebiscito são usadas como uma ferramenta de democracia direta em 24 estados e em Washington, D.C. Elas geralmente são escritas com uma linguagem enganosamente complicada, projetada para esconder detalhes polêmicos.*

Nossa frase original foi escrita em um nível apropriado para alguém com pós-graduação. O par de frases final foi escrito em um nível apropriado para um aluno do primeiro ano do ensino médio. É mais acessível a *todos* os leitores, desde aqueles que têm dificuldades para ler o idioma até aqueles que estão apenas ocupados ou distraídos demais para lembrar de imediato o que significa "insidiosamente". Além de terem mais probabilidade de serem compreendidas, as frases finais também exigem menos tempo e menos atenção do leitor, o que aumenta a probabilidade de serem lidas.

6

Terceiro princípio: torne a navegação fácil

Um dos principais aspectos da escrita para pessoas apressadas não é apenas a escrita. É o *design* — sobretudo, projetar o conteúdo escrito para que seja fácil de ser explorado. Quando os leitores olharem para sua mensagem, devem ser capazes de entender de imediato seu objetivo, seus pontos principais e sua estrutura. A maneira como você posiciona as palavras deve ajudá-los a encontrar rápido as partes com as quais desejam se envolver e as partes que preferem pular ou só passar os olhos.

Para adotar uma mentalidade de navegação, pare de pensar em sua mensagem como um conjunto de palavras e, em vez disso, pense nela como um tipo de mapa. Em geral, os mapas começam com uma perspectiva de zoom reduzido que permite que você se oriente. Quando alguém abre o Google Maps, a configuração-padrão é uma visão panorâmica em grande escala de sua localização atual. Da mesma forma, os mapas impressos em papel cobrem cidades inteiras, estados ou até mesmo países. Pense em um mapa comum dos Estados Unidos, seja em papel ou on-line. As fronteiras nacionais, as linhas estaduais e os rótulos indicam claramente para qual país você está olhando. Marcações mais finas permitem que você identifique com facilidade os principais lagos, as cidades e outros pontos de interesse. Em seguida, você pode aumentar o zoom para acessar os detalhes desejados.

A maneira como os leitores abordam a escrita tem muito em comum com a maneira como as pessoas usam os mapas. Com frequência, começamos com uma visão geral e, em seguida, decidimos ampliar as partes que consideramos mais interessantes ou relevantes. Pense em seu processo de leitura. Em vez de ler o jornal inteiro ou examinar toda a primeira página, você pode pular direto para as notícias locais ou o caderno de esportes, da mesma forma que pode dar zoom em Utah e depois em Salt Lake City se estiver planejando uma viagem de carro para lá. Como os leitores apressados não costumam ler linha por linha, escrever para uma navegação fácil e semelhante a um mapa ajudará a garantir que seus leitores percebam e captem as informações mais importantes antes de seguir em frente.

Os escritores normalmente não prestam muita atenção no design; em parte, por causa da maneira como a maioria de nós foi ensinada. Provavelmente, seu professor de português falou muito sobre gramática, transições e evidências de apoio na escrita de suas redações, e pouquíssimo sobre apresentação visual. Mas letras, palavras, frases e parágrafos são intensamente visuais; são literalmente *elementos gráficos* na página ou na tela. Faz sentido, portanto, que a organização desses elementos de forma agradável e sensível aos olhos facilite o processo de leitura.

Diversos estudos demonstram que o refinamento dos aspectos visuais da escrita pode tornar suas mensagens mais eficazes de modo significativo. Às vezes, escrevemos melhor se nos concentramos menos nas palavras em si e mais em como e onde elas aparecem.

As regras de uma escrita bem diagramada

Regra 1. Torne as principais informações imediatamente visíveis

A primeira pergunta que a maioria de nós faz quando vê um mapa é: "Este é um mapa de quê?". Da mesma forma, quando nos aproximamos de uma escrita prática, a primeira coisa que perguntamos é: "Do que se trata?". Quanto mais fácil os escritores tornarem para os leitores apressados se orientar e responder a essa pergunta, maior será a probabilidade de esses leitores se envolverem e lerem a mensagem.

A primeira etapa é deixar as principais informações claras de forma instantânea e explícita. Isso pode parecer óbvio; no entanto, os escritores não conseguem fazer isso o tempo todo. Na linguagem do jornalismo, escrever de uma forma que dificulta encontrar o ponto central é chamado de "esconder o lide" (a palavra "lide" é um jargão de redação, com uma grafia deliberadamente estranha para se destacar) ou "nariz de cera". Às vezes, os repórteres escondem o lide intencionalmente para estimular a curiosidade e a intriga. A revista *The New Yorker* é famosa por apresentar histórias que passam muito tempo estabelecendo o clima e o cenário antes de revelar a ideia central ou o conflito. Mas as comunicações práticas não são viagens literárias descontraídas; então, não devem ser escritas como tal.

Para que as informações mais importantes fiquem imediatamente claras para o leitor, é necessário voltar ao básico e ter a mesma clareza sobre seus objetivos como escritor — dessa vez, com ênfase adicional na apresentação visual. Pergunte a si mesmo de novo: "O que eu quero que meus leitores tirem disso?". Se o seu objetivo principal é que os leitores participem de uma reunião do conselho municipal, os detalhes da reunião e a solicitação de participação devem ser os elementos mais óbvios. Contudo, se você tiver vários objetivos concorrentes para uma mensagem, pode ser difícil descobrir quais são as *principais* informações que deseja destacar. Nesse caso, terá de descobrir a hierarquia de seus objetivos.

Imagine que um CEO compartilhe um memorando com o conselho de administração para atualizar informações sobre o progresso da empresa em vários itens críticos desde a última reunião. Na atualização, o CEO também pede aos conselheiros que recomendem um consultor para um projeto de marketing futuro. O objetivo principal do memorando é a atualização. A solicitação do consultor de marketing é secundária. De alguma forma, a apresentação do memorando precisa transmitir essa classificação de prioridades.

Não existe uma fórmula universal de *como* tornar as informações mais importantes imediatamente claras. Para comunicações que têm títulos e linhas de assunto, esses são bons lugares para começar. Uma linha de assunto que diz "Um item de ação após a reunião de hoje" transmite melhor as principais informações do e-mail do que uma linha de assunto como "Reunião de hoje". No entanto, os títulos e as linhas de assunto legíveis são tão curtos que, em geral, só podem prenunciar as principais informações, em vez de transmiti-las por completo.

Uma boa regra de ouro, independentemente do tipo específico de comunicação, é colocar as informações mais importantes nos locais em que os leitores apressados provavelmente esperam encontrá-las. O Exército dos Estados Unidos codificou essa recomendação com a diretriz de que os redatores devem *colocar a conclusão na frente* (BLUF, na sigla em inglês, de *bottom line up front*).[1,2] BLUF é uma política oficial do exército que instrui os redatores a colocar as principais informações no início das comunicações escritas. Dessa forma, os leitores do exército sabem automaticamente onde encontrar o objetivo de uma comunicação.

---

1. "Army Regulation 25–50: Information Management: Records Management: Preparing and Managing Correspondence", *Department of the Army*; Matthew Ström, "Bottom line up front: Write to make decisions faster", *matthewstrom.com*, 17 maio 2020, https://matthewstrom.com/writing/bluf/.
2. N. da T.: Em inglês, funciona também como um trocadilho com "*bluf*", ou seja, blefe.

Resumos, sumários executivos e manchetes TL;DR funcionam da mesma forma como locais de "informações-chave" para leitores apressados. Ao mesmo tempo, devemos observar que a melhor maneira de aplicar essa regra prática pode variar muito entre leitores e culturas. Ouvimos dizer que a norma em algumas antigas repúblicas soviéticas é que a informação mais importante esteja no último parágrafo dos memorandos oficiais. Portanto, os leitores geralmente começam a passar os olhos em um memorando de baixo para cima. Por outro lado, a convenção em muitos países da União Europeia é colocar a informação mais importante no primeiro parágrafo (uma versão europeia do BLUF), pois os leitores tendem a trabalhar de cima para baixo.

Há um *insight* importante aqui: embora as normas em duas culturas possam ser diferentes, os leitores em ambos os contextos sabem onde procurar as informações-chave, e os escritores sabem onde colocá-las. Essas são regras de ouro específicas da cultura. Em última análise, cabe aos escritores estruturar suas mensagens para que seus leitores específicos possam se orientar e localizar rápido a informação-chave. Para isso, é necessário saber onde os leitores esperam que esteja essa informação.

Infelizmente, nem todos os contextos têm normas claras. Se a expectativa é que uma mensagem seja calorosa e amigável, a escrita pode parecer fria ou agressiva se começar de imediato com a informação mais importante. Considere os dois exemplos apresentados a seguir. Os leitores da versão BLUF podem se sentir desencorajados pela franqueza da mensagem e achar que o autor é insistente ou rude. Por outro lado, se os leitores da versão *pedido cortês* desistirem antes de chegar à última linha, perderão a informação mais importante. Uma solução intermediária pode incluir uma frase no início para transmitir educação e, em seguida, passar para a pergunta "Pensei mais em nossa conversa. Podemos marcar um horário para conversarmos sobre a contratação da minha empresa?".

Qual abordagem funciona melhor? Assim como todos os outros princípios que apresentamos, depende de seus objetivos como escritor e de quem são seus leitores.

PEDIDO CORTÊS

Prezado cliente em potencial,

Pensei mais em nossa conversa. Sua organização não é a única a enfrentar os desafios que discutimos. Acho que os serviços que minha empresa oferece poderiam ser úteis para você.

Podemos marcar um horário para conversarmos sobre a contratação de minha empresa?

Atenciosamente,

Associado de Vendas

CONCLUSÃO NA FRENTE (BLUF)

Prezado cliente em potencial,

Podemos marcar um horário para conversarmos sobre a contratação de minha empresa?

Pensei mais em nossa conversa. Sua organização não é a única a enfrentar os desafios que discutimos. Acho que os serviços que minha empresa oferece poderiam ser úteis para você.

Atenciosamente,

Associado de Vendas

Regra 2. Separe as ideias distintas

Outra maneira de ajudar leitores apressados a se orientar rápido no cenário de sua escrita é separar assuntos distintos. Colocar espaço entre eles facilita a leitura rápida e a busca de informações importantes. Uma primeira etapa simples é dar a cada assunto distinto seu próprio parágrafo, pois um novo parágrafo sinaliza visualmente um novo conjunto de ideias.

Uma das maneiras mais claras de sinalizar aos leitores que as ideias são distintas no âmbito visual é listar cada uma delas com um marcador. Um estudo realizado na Dinamarca ilustrou os benefícios do uso de marcadores ou números para separar assuntos distintos.[3] Um grupo de pesquisadores recrutou uma amostra representativa de 888 adultos para que lessem uma descrição dos requisitos para receber o seguro-desemprego, usando uma "linguagem burocrática". Em seguida, a equipe realizou um teste para verificar se a mudança na forma de apresentação das informações — sem ajustar a complexidade da linguagem — afetava uma série de resultados, inclusive a velocidade de leitura e o nível de compreensão.

Cerca de metade dos participantes leu uma versão densa da *Parede de palavras*, em que todos os requisitos eram listados em um único parágrafo contínuo. A outra metade leu exatamente o mesmo conteúdo, mas cada requisito distinto foi visualmente separado dos demais usando marcadores. Estas são as duas versões:

---

3. Martin Baekgaard, Matthias Döring e Mette Kjaergaard Thomsen, "It's not merely about the content: How rules are communicated matters to perceived administrative burden" (artigo apresentado na PMRA Conference em Phoenix, AZ, 2022).

PAREDE DE PALAVRAS

Man kan søge om kontanthjælp, hvis man enten er over 30 år eller har en erhvervskompetencegivende uddannelse. Derudover gælder ifølge Lov om Aktiv Socialpolitik: Man skal jf. § 11 stk. 2 have været ude for en social begivenhed, fx sygdom, arbejdsløshed eller ophør af samliv. Ifølge § 11 stk. 2 skal den sociale begivenhed have medført, at man ikke kan skaffe det nødvendige til sig selv eller sin familie, og at man ikke kan forsørges af andre. Desuden skal behovet for forsørgelse skal ikke kunne dækkes af andre ydelser, fx dagpenge eller pension mv., jf. § 11 stk. 2. For at have ret til kontanthjælp skal man jf. § 11 stk. 3 lovligt have opholdt sig i riget i sammenlagt mindst 9 af de 10 seneste år, jf. dog stk. 4–10, og man skal ifølge § 11 stk. 8 have haft fuldtidsbeskæftigelse i riget i en periode svarende til 2 år og 6 måneder inden for de ti seneste år. Man skal være registreret som arbejdssøgende i jobcentret, jf. § 13b og hverken en selv eller ens eventuelle ægtefælle må have en formue, som kan dække deres økonomiske behov. Formue er fx penge og værdier, som let kan omsættes til penge. Kommunen ser dog bort fra beløb på op til 10.000 kr., for ægtefæller tilsammen op til 20.000 kr., jf. § 14 stk. 1, se dog undtagelser fra denne regel, jf. § 14 stk. 2–8 og stk. 15.

SEPARAÇÃO VISUAL

Man kan søge om kontanthjælp, hvis man enten er over 30 år eller har en erhvervskompetencegivende uddannelse. Derudover gælder Lov om Aktiv Socialpolitik:

- Man skal jf. § 11 stk. 2 have været ude for en social begivenhed, fx sygdom, arbejdsløshed eller ophør af samliv.
- Ifølge § 11 stk. 2 skal den sociale begivenhed have medført, at man ikke kan skaffe det nødvendige til sig selv eller sin familie, og at man ikke kan forsørges af andre.
- Behovet for forsørgelse skal ikke kunne dækkes af andre ydelser, fx dagpenge eller pension mv., jf. § 11 stk. 2.
- Man skal jf. § 11 stk. 3 lovligt have opholdt sig i riget i sammenlagt mindst 9 af de 10 seneste år, jf. dog stk. 4–10.
- Ifølge § 11 stk. 8 skal man have haft fuldtidsbeskæftigelse i riget i en periode svarende til 2 år og 6 måneder inden for de ti seneste år.
- Man skal være registreret som arbejdssøgende i jobcentret, jf. § 13b.
- Hverken en selv eller ens eventuelle ægtefælle må have en formue, som kan dække deres økonomiske behov. Formue er fx penge og værdier, som let kan omsættes til penge. Kommunen ser dog bort fra beløb på op til 10.000 kr., for ægtefæller tilsammen op til 20.000 kr., jf. § 14 stk. 1, se dog undtagelser fra denne regel, jf. § 14 stk. 2–8 og stk. 15.

Não sabemos ler dinamarquês, o que torna a diferença entre essas duas versões ainda mais acentuada. A versão *Parede de palavras* parece ser intimidadora de ler em qualquer idioma. Ambos os grupos de participantes entenderam o conteúdo de forma semelhante, mas aqueles que receberam a versão com *Separação visual* leram dez segundos — ou quase 15% — mais rápido do que aqueles que receberam a versão *Parede de palavras*.

A separação visual dos tópicos tornou a escrita mais fácil de ler, possivelmente porque os leitores não precisaram gastar tempo entre as frases para verificar se eram tópicos relacionados ou distintos. Com base em nossa experiência, uma lista numerada, um espaço em branco ou qualquer outra técnica de formatação para separar visualmente os tópicos teria levado a uma melhoria comparável.

Regra 3. Coloque as ideias relacionadas juntas

Além de separar visualmente as ideias *distintas*, colocar as ideias *relacionadas* umas ao lado das outras (ou o mais próximo possível) pode facilitar a compreensão rápida das principais informações pelos leitores. A versão com a *Separação visual* do estudo dinamarquês descrito acima também segue essa regra. Cada ponto distinto está relacionado a um requisito para o recebimento de seguro-desemprego. Analisá-los em marcadores separados ajuda os leitores a entender que são requisitos individuais; mantê-los próximos uns dos outros ajuda os leitores a entender que estão todos relacionados.

Imagine como teria sido muito mais confuso se os autores tivessem inserido conteúdo adicional não relacionado aos requisitos do seguro--desemprego entre cada um dos marcadores, como informações sobre o modo de solicitar o auxílio-moradia. Os leitores focados no seguro--desemprego precisariam procurar em todos os marcadores para encontrar os relevantes. Leitores apressados provavelmente desistiriam antes de encontrar as informações necessárias.

Ideias relacionadas em geral têm significados relacionados, portanto, colocá-las umas ao lado das outras pode possibilitar a consolidação do conteúdo e a redução de palavras. Esse benefício de "menos é mais", muitas vezes, pode ser alcançado simplesmente por meio da reordenação do texto. Veja os itens listados abaixo sobre as próximas etapas para conseguir uma proposta de um novo contrato:

- Jessie: Escrever um resumo do conjunto de slides da apresentação do cliente com base em apresentações anteriores.
- Marion: Pesquisar sobre os concorrentes para esse contrato e buscar qualquer indicação de que estejam enviando propostas.
- Jessie: Escrever proposta de escopo do trabalho com base em um esboço desenvolvido em conjunto.
- Marion: Pesquisar outras informações públicas sobre produtos relacionados que o cliente tenha comprado no passado.

Observe que Jessie tem dois itens e Marion tem dois itens. Colocar os itens de Jessie próximos um do outro e os de Marion também ajudaria quem lê a encontrar com mais rapidez o que cada uma precisa fazer.

- Jessie: Escrever um resumo do conjunto de slides da apresentação do cliente com base em apresentações anteriores.
- Jessie: Escrever proposta de escopo do trabalho com base em um esboço desenvolvido em conjunto.
- Marion: Pesquisar sobre os concorrentes para esse contrato e buscar qualquer indicação de que estejam enviando propostas.
- Marion: Pesquisar outras informações públicas sobre produtos relacionados que o cliente tenha comprado no passado.

Nessa versão, ambas as tarefas de Jessie envolvem escrita e ambas as tarefas de Marion envolvem pesquisa. O significado das tarefas para Jessie e Marion agora pode ser simplificado e integrado. Isso separa visualmente os itens de tarefas de Jessie dos itens de tarefas de Marion e reduz o número total de palavras de 64 para 60, atingindo vários dos princípios deste livro de uma só vez!

- @Jessie, escrever:
  - ☐ resumo do conjunto de slides da apresentação do cliente com base em apresentações anteriores;
  - ☐ proposta de escopo do trabalho com base em um esboço desenvolvido em conjunto.

- @Marion, pesquisar:
  - ☐ concorrentes para esse contrato e qualquer indicação de que estejam enviando propostas;
  - ☐ outras informações públicas sobre produtos relacionados que o cliente tenha comprado no passado.

As solicitações são um tipo especial de informação e exigem um estilo próprio de apresentação. Muitas vezes, uma mensagem pode conter várias solicitações. As solicitações devem ser agrupadas ou devem ser separadas e incorporadas à mensagem junto a assuntos relacionados? A resposta insatisfatória é: depende do contexto. O princípio orientador é que você deve facilitar ao máximo a localização e o entendimento das solicitações pelos leitores. Em geral, isso exige a combinação de muitas das regras deste capítulo.

Se uma mensagem tiver de conter várias solicitações, mas todas elas estiverem relacionadas entre si, pode ser útil agrupar uma ao lado da outra (regra 3) e separar cada solicitação individual (regra 2). Se todas as solicitações estiverem relacionadas a assuntos diferentes que são abordados em seções separadas da mensagem, talvez faça mais sentido incorporar as solicitações às suas seções relevantes. Nesses casos, ainda assim, pode ser útil organizá-las como um grupo no início da mensagem da seguinte forma: "Abaixo, discuto minhas preferências de férias e peço sua opinião sobre: (1) Aonde devemos ir?; (2) Quando devemos ir?; (3) Quem devemos convidar?". Podemos presumir que essas três perguntas também serão repetidas nas seções relacionadas do e-mail. A redundância não costuma ser um caminho ideal, mas pode ser uma estratégia eficaz para ajudar os leitores apressados a entender várias solicitações e aumentar a probabilidade de eles responderem.

A formatação também pode ser uma ferramenta útil para chamar a atenção para solicitações específicas em uma mensagem, sobretudo quando elas estão espalhadas por toda parte. Falaremos mais sobre isso adiante.

Regra 4. Ordene as ideias por prioridade

Depois de decidir quais ideias devem constar na mensagem, é preciso escolher a ordem em que serão apresentadas. Muitas vezes, há uma lógica subjacente que determina a ordem. Pode fazer sentido ordenar as solicitações de forma cronológica, de acordo com a data em que a ação deve ser concluída, ou ordená-las de modo funcional com base na dificuldade de concluí-las. Se não houver uma lógica clara para orientá-lo, as decisões de ordenação (como tudo o mais) devem ser informadas pela forma como os leitores leem.

O primeiro item de uma lista, em geral, recebe mais atenção do leitor. Um campo em que esse comportamento de leitura foi estudado é o das cédulas eleitorais, que normalmente apresentam longas listas de candidatos. Um exemplo dessa pesquisa realizada em eleições primárias e de segundo turno no Texas mostrou que mover um candidato do último para o primeiro lugar em uma cédula pode aumentar sua parcela de votos em quase 10 pontos percentuais em algumas disputas.[4] Uma explicação provável para esse resultado é que os eleitores começam a analisar os candidatos do topo da cédula e vão descendo a partir daí. Quando encontram um candidato aceitável, eles votam e seguem em frente. Todos são ocupados, até mesmo os eleitores.

O setor multibilionário de publicidade em buscas na internet baseia-se em uma premissa semelhante. A posição mais valiosa nos resultados de pesquisa está no topo, porque os pesquisadores tendem a clicar na primeira opção "boa o suficiente" que veem. Da mesma forma, quando a Amazon quer incentivar as vendas de um item em detrimento de outro, coloca esse item antes dos outros nos resultados da pesquisa. Os programadores da empresa sabem que a primeira posição é a que tem maior probabilidade de ser vista, lida e utilizada.

Em determinados contextos, a *última* posição em uma lista ordenada também pode ser influente — e não apenas nas regiões da antiga União Soviética. Estudos sobre julgamentos com júri descobriram que a última prova apresentada aos jurados pode ser a mais ponderada e lembrada.[5] Portanto, por ética, os jurados são obrigados a assistir a um julgamento inteiro e ouvir todas as provas. Quando se trata de comunicações práticas, os leitores apressados não têm essa obrigação (não importa o quanto você ache que seus e-mails e memorandos são convincentes). Essa liberdade de passar para a frente provavelmente reduz a frequência com que eles encontrarão o último item em uma lista ou uma mensagem extensa e, portanto, a influência desse item.

Não há uma regra única que determine a melhor ordem para uma mensagem que contenha vários itens ou perguntas. No entanto, quando a lógica não determina a ordem, esses padrões de comportamento podem ajudar a orientá-lo. O item que estiver na primeira po-

---

4. Darren Grant, "The ballot order effect is huge: Evidence from Texas", *Public Choice*, vol. 172, n. 3, 2017, pp. 421-442.
5. Kimberly Schweitzer e Narina Nuñez, "The effect of evidence order on jurors' verdicts: Primacy and recency effects with strongly and weakly probative evidence", *Applied Cognitive Psychology*, vol. 35, n. 6, 2021, pp. 1510-1522.

sição provavelmente receberá mais atenção, e é possível que o último lugar tenha mais probabilidade de ser lido do que o penúltimo. Isso é exatamente o que um grupo de pesquisadores de negócios descobriu quando estudou os efeitos da ordem dos links listados em uma página da web. Eles randomizaram a ordem de meia dúzia de links e descobriram que a primeira posição era a mais clicada, com um declínio constante nos cliques a cada posição até a última, onde houve um pequeno pico de cliques em comparação com a penúltima.[6]

Regra 5. Inclua títulos

Você sabe exatamente o que vamos discutir nesta seção, certo? É difícil não saber, já que acabamos de informar logo acima — e em letras destacadas, ainda por cima. Os títulos ajudam os leitores apressados a examinar uma mensagem e decidir em quais partes querem dar um zoom, da mesma forma que os nomes dos estados e as fronteiras fazem em um mapa. Alguns tipos comuns de escrita prática, como mensagens de texto, não têm espaço para títulos. No entanto, muitos outros têm: e-mails, memorandos, notas adesivas, listas de tarefas e assim por diante. Até mesmo tuítes, mensagens do Slack e posts do Facebook podem começar com algumas palavras em maiúsculas que definem a ideia a ser seguida.

Os títulos são extremamente úteis para ajudar leitores apressados a decidir se devem continuar ou fazer uma pausa, onde concentrar sua atenção e com que atenção devem ler determinada seção. Lembre-se do modo como os olhos das pessoas se movem ao procurar informações relevantes, conforme mostrado no capítulo 2:

---

6. Jamie Murphy, Charles Hofacker e Richard Mizerski, "Primacy and recency effects on clicking behavior", *Journal of Computer-Mediated Communication*, vol. 11, n. 2, 2006, pp. 522-535.

- **Dica:** O rotor de borracha está localizado dentro de um copo de aço inoxidável e usa a água para lubrificação. Se essa água não estiver presente, o atrito da borracha com o aço inoxidável superaquecerá muito rapidamente e destruirá o rotor de borracha. É por isso que é imperativo NÃO operar, nem mesmo ligar, o seu motor de popa sem que haja um suprimento adequado de água para o motor antes.

Como regra geral, inspecione o rotor e o conjunto da bomba de água todos os anos se estiver operando em água salgada, salobra ou turva, e substitua, se necessário. Os detritos nessas águas agem como uma lixa. Se estiver operando em água **14** clara e limpa, esse intervalo pode se estender por duas temporadas, desde que não tenha **1** operação a seco. Não deixe de consultar o manual do proprietário para saber qual é o intervalo de manutenção específico do seu motor de popa.

- **Dica:** se você não se sentir à vontade para realizar os procedimentos de inspeção e substituição do rotor/bomba d'água, peça aos seus revendedores Yamaha Náutica locais para fazer o trabalho. Eles têm as ferramentas, os materiais e o treinamento para fazer isso de forma correta, para sua tranquilidade. **2**

Correias **3** mangueiras
Todas as correias e as mangueiras do seu motor de popa precisam operar em um ambiente marinho brutalmente hostil. Dê uma olhada nelas de vez em quando e observe o cronograma do fabricante para a substituição. Se encontrar rachaduras ou desgastes, seja prudente e substitua-as. Não tente "virar" uma correia para prolongar sua vida útil nem manuseie a correia **4** **5** alquer tipo de lubrificante em seus dedos. Mantenha-as protegidas de lubrificantes em spray também.

- **Dica:** as correias de distribuição dos motores de popa de quatro tempos da Yamaha e as correias da bomba de combustível de alta pressão dos motores de popa de dois tempos HDPI® são dentadas e impregnadas de Kevlar®, o que as torna super-resistentes e não esticáveis. Ainda assim, a Yamaha recomenda que elas sejam trocadas a cada cinco anos ou a cada mil horas.

Velas de ignição
Como **6** gra geral, retire as velas de ignição de motores de popa de quatro tempos a cada duzentas horas ou a cada duas temporadas e verifique se a cor e o desgaste estão adequados. Elas devem ser de cor marrom-clara e ter bordas relativamente afiadas. Quando necessário, substitua-as pelo modelo exato e pelo número de peças estipulado pelo fabricante do seu motor de popa. A marca, o tipo e o estilo das velas de ignição usadas em seu motor de popa são específicos. Eles contêm atributos de desempenho que são projetados dentro de seu motor de popa. Essas pequenas marcações e os números nas velas de ignição contêm uma grande quantidade de informações sobre a faixa de aquecimento, a profundidade da rosca, etc. — então, não duvide nem tente fazer referências cruzadas aqui. O desempenho do seu motor de popa depende disso. **13**

Passagens 7 entrada de ar
Verifique se há obstruções nas passagens de entrada de ar, como ninhos de pássaros e outros detritos trazidos por criaturas diversas. Olhe também embaixo da carenagem. Não demora muito para que o seu motor de popa ou barco se torne lar de pássaros e insetos locais, e isso pode gerar uma verdadeira confusão quando se trata de diagnóstico de perda de desempenho.

Termostato 8 válvulas pop-off
São re 9 nsáveis por re 10 r a temperatura de operação do seu motor de popa. Simples e eficazes, eles são mais bem observados por meio de qualquer sinal de alteração na temperatura de operação do motor. A operação em água salgada pode causar o acúmulo de depósitos, fazendo com que as válvulas fiquem abertas, o que pode resfriar demais o motor de popa e impedir que ele atinja a temperatura operacional adequada. Pequenos fragmentos de detritos na água de resfriamento podem ficar alojados entre as superfícies de contato e causar a mesma condição. Se isso acontecer, deve ser feita a remoção e uma limpe 12 Consulte o manual do proprietário para obter recomendações específicas de substituição.

Percebeu como os olhos das pessoas pulam para cada título?

Em um estudo que realizamos com o Journalist's Resource (diferente do que mencionamos no capítulo 4), seus redatores elaboraram um boletim de nove parágrafos que abordava três assuntos: pesquisa sobre mudança climática e saúde, pesquisa sobre violência armada e detalhes sobre como se candidatar a um prêmio de jornalismo. Para cada assunto, havia também links para conteúdo adicional. Metade dos 46.648 assinantes do boletim informativo recebeu um e-mail de nove parágrafos sem títulos. A outra metade recebeu o mesmo conteúdo, mas com títulos descritivos colocados acima do segundo e do terceiro assunto — respectivamente, violência armada e prêmio de jornalismo.[7]

---

7. Pesquisa realizada com a Journalist's Resource em novembro de 2022. N = 46.648.

Os assinantes que receberam o e-mail com os títulos tinham duas vezes mais chances de clicar nos links relacionados ao segundo e terceiro assunto do que aqueles que receberam a versão sem títulos. Poderíamos nos preocupar com o fato de que os títulos apenas desviaram os leitores do primeiro tópico para o segundo e o terceiro, mas não foi o caso; não houve diferença no envolvimento dos leitores com os links da primeira seção (sobre mudança climática e saúde) entre os que receberam o e-mail com títulos e os que receberam o sem títulos. Parece que os títulos ajudaram os leitores apressados a encontrar com rapidez os assuntos mais interessantes que, de outra forma, teriam ignorado.

Para obter mais evidências de como os títulos podem ser úteis, considere uma carta que ajudamos um estabelecimento escolar a reformular durante a pandemia de covid-19. Seu objetivo era alertar os pais de que alguém na escola de seus filhos havia pegado covid e que uma série de protocolos havia sido posta em prática. Um desses protocolos era que a escola ficaria fechada pelo menos nas próximas 48 horas a partir do momento em que a carta fosse enviada.

O diretor da escola nos pediu que analisássemos a carta e fizéssemos sugestões de melhorias. Como tínhamos pouco contexto, não editamos nenhuma das palavras. Nosso foco foi apenas o design da carta para facilitar a navegação.

ORIGINAL

Prezadas famílias e equipe do [NOME DO DISTRITO ESCOLAR],

Hoje, o distrito foi informado de que um indivíduo com covid-19 estava na [NOME DA ESCOLA] com potencial infeccioso. Por lei, devemos manter a confidencialidade dessa pessoa, o que nos impede de identificar aqui o indivíduo e o motivo de sua presença na escola. Estamos trabalhando em colaboração com o Departamento de Saúde de [NOME DO CONDADO] para identificar quaisquer alunos e funcionários que possam ter tido contato com essa pessoa.

Tomaremos as seguintes medidas:

- A [NOME DA ESCOLA], a princípio, permanecerá fechada por 48 horas.
- A [NOME DA ESCOLA] é o único prédio que fechará em [DATA] e [DATA].
- A [NOME DA ESCOLA] ministrará aulas de modo virtual esta semana em [DATA] e [DATA].
- O prédio da escola será desinfetado de acordo com as diretrizes do DOH e do CDC.
- A escola iniciará o rastreamento de contatos que serão comunicados ao Departamento de Saúde.

O Departamento de Saúde do [NOME DO CONDADO] tem um sistema de rastreamento de contatos em vigor para [NOME DO CONDADO] quando há um caso confirmado de covid-19. A intenção é identificar aqueles que estiveram em contato próximo com uma pessoa positivada. Contato próximo significa estar a menos de 2 metros de uma pessoa com covid-19 por mais de 10 minutos.

Se o seu filho for identificado como um contato próximo da pessoa que teve um resultado positivo no teste, você receberá uma ligação de um rastreador de contatos. Para essas chamadas, o seu identificador de chamadas poderá indicar [NOME DO ESTADO] no Rastreador de Contatos ou exibir um número de telefone com um código de área [###]. Atenda a essas ligações prontamente e forneça aos rastreadores de contatos as informações de que eles precisam para proteger a todos nós. As pessoas que estiveram em contato próximo devem ficar em quarentena por 14 dias a partir da data da última exposição e monitorar os sintomas.

Além disso, o distrito também enviará e-mails às famílias notificando-as caso seja identificado que seus filhos tiveram contato com um indivíduo positivado. Se você não receber um e-mail nas próximas 48 horas, é sinal de que seu filho NÃO teve algum risco de exposição.

Como lembrete, se você acredita que em algum momento você e/ou seu filho tiveram contato próximo com alguém que esteja com covid-19, você e/ou seu filho devem ficar em quarentena e fazer o teste.

Se suspeitar que seu filho está ficando doente, ele deve ficar em casa. Os sintomas da covid-19 estão listados no site do CDC: https://www.cdc.gov/coronavirus/2019- -ncov/symptoms-testing/symptoms.html. Consulte seu médico para obter orientação clínica.

Visite a página Encontre um Local de Testagem Perto de Você de [NOME DO ESTADO] em [LINK] para encontrar uma lista de locais de testagem. Se você for a um local administrado por [NOME DO ESTADO], o teste é gratuito. Para obter mais informações sobre a covid-19, ligue para (888) 123-4567 ou acesse a página inicial do Departamento de Saúde de [NOME].

Saiba que seremos transparentes em relação a qualquer caso de covid-19 em nosso distrito e que o manteremos informado. Entre em contato com os administradores da escola de seu filho ou pelo telefone 555-555-5555 ramal 1234 se tiver outras dúvidas ou preocupações.

Atenciosamente, [NOME DO SUPERINTENDENTE]

COM TÍTULOS

Prezadas famílias e equipe do [NOME DO DISTRITO ESCOLAR],

A [NOME DA ESCOLA] ficará fechada por pelo menos 48 horas.
Hoje, o distrito foi informado de que um indivíduo com covid-19 estava na [NOME DA ESCOLA] com potencial infeccioso. Por lei, devemos manter a confidencialidade dessa pessoa, o que nos impede de identificar aqui o indivíduo e o motivo de sua presença na escola. Estamos trabalhando em colaboração com o Departamento de Saúde de [NOME DO CONDADO] para identificar quaisquer alunos e funcionários que possam ter tido contato com essa pessoa.

O que a [NOME DA ESCOLA] vai fazer:

- A [NOME DA ESCOLA], a princípio, permanecerá fechada por 48 horas.
- A [NOME DA ESCOLA] é o único prédio que fechará em [DATA] e [DATA].
- A [NOME DA ESCOLA] ministrará aulas de modo virtual esta semana em [DATA] e [DATA].
- O prédio da escola será desinfetado de acordo com as diretrizes do DOH e do CDC.
- A escola iniciará o rastreamento de contatos que serão comunicados ao Departamento de Saúde.

Como saber se seu filho teve um contato próximo?

O Departamento de Saúde de [NOME DO CONDADO] tem um sistema de rastreamento de contatos em vigor para [NOME DO CONDADO] quando há um caso confirmado de covid-19. A intenção é identificar aqueles que estiveram em contato próximo com uma pessoa positivada. Contato próximo significa estar a menos de 2 metros de uma pessoa com covid-19 por mais de 10 minutos.

Se o seu filho for identificado como um contato próximo da pessoa que teve um resultado positivo no teste, você receberá uma ligação de um rastreador de contatos. Para essas chamadas, o seu identificador de chamadas poderá indicar [NOME DO ESTADO] no Rastreador de Contatos ou exibir um número de telefone com um código de área [###]. Atenda a essas ligações de imediato e forneça aos rastreadores de contatos as informações de que eles precisam para proteger a todos nós. As pessoas que estiveram em contato próximo devem ficar em quarentena por 14 dias a partir da data da última exposição e monitorar os sintomas.

Além disso, o distrito também enviará e-mails às famílias notificando-as caso seja identificado que seus filhos tiveram contato com um indivíduo positivo. Se você não receber um e-mail nas próximas 48 horas, é sinal de que seu filho NÃO teve algum risco de exposição.

Como lembrete, se você acredita que em algum momento você e/ou seu filho tiveram contato próximo com alguém que esteja com covid-19, você e/ou seu filho devem ficar em quarentena e fazer o teste.

O que fazer se seu filho estiver doente?

Se suspeitar que seu filho está ficando doente, ele deve ficar em casa. Os sintomas da covid-19 estão listados no site do CDC: https://www.cdc.gov/coronavirus/2019-ncov/symptoms-testing/symptoms.html. Consulte seu médico para obter orientação clínica.

Visite a página Encontre um Local de Testagem Perto de Você de [NOME DO ESTADO] em [LINK] para encontrar uma lista de locais de testagem. Se você for a um local administrado por [NOME DO ESTADO], o teste é gratuito. Para obter mais informações sobre a covid-19, ligue para (888) 123-4567 ou acesse a página inicial do Departamento de Saúde de [NOME].

Saiba que seremos transparentes em relação a qualquer caso de covid-19 em nosso distrito e que o manteremos informado. Entre em contato com os administradores da escola de seu filho ou pelo telefone 555-555-5555 ramal 1234 se tiver outras dúvidas ou preocupações.

Atenciosamente, [NOME DO SUPERINTENDENTE]

Nós nos colocamos na mentalidade do leitor almejado. Imagine ser um pai ocupado com filhos em idade escolar em casa pedindo ajuda com o dever de casa e querendo saber quando o jantar vai ficar pronto. Você recebe a versão *Original* do e-mail em sua caixa de entrada e passa os olhos com pressa, entre colocar os filés de frango no forno e mexer o macarrão. Você leria com atenção suficiente para entender que a escola estará fechada nos próximos dois dias? Provavelmente, não. Seria menos provável ainda que compreendesse muitos dos detalhes específicos sobre os protocolos de quarentena. A carta *Original* parece tão incompreensível que talvez você simplesmente adiasse a leitura.

Agora, considere a versão redesenhada *Com títulos* do e-mail da escola. Para melhorar a facilidade de navegação, aplicamos nossas próprias regras. Tornamos as principais informações imediatamente claras (regra 1), declarando na parte superior que "[NOME DA ESCOLA] ficará fechada por pelo menos 48 horas". Em seguida, adicionamos títulos distintos para cada assunto e cada seção, permitindo que os pais navegassem para os que mais lhes interessassem e para os quais tivessem tempo. Embora não tenhamos conseguido testar o impacto dessa versão, estamos confiantes de que o *layout* revisado foi mais eficaz porque era mais fácil de navegar.

Títulos podem ser úteis até em listas. Como já vimos, os marcadores podem ajudar a organizar o conteúdo e melhorar a navegabilidade. Mas o fato de uma ideia estar vinculada a um marcador não a torna automaticamente clara e fácil de entender. Todos nós já vimos mensagens com parágrafos completos anexados a cada marcador ou que contêm tantos itens com marcadores que é difícil entender o que todos eles têm em comum. Nesses casos, incluir um título curto no início de cada ideia com marcadores pode oferecer um guia útil para os leitores, sobretudo se cada marcador não tiver relação com os outros. Por exemplo, imagine um e-mail para um colega sobre dois itens distintos:

- Contrato revisado: Os advogados da empresa concordaram com todas as nossas edições propostas para o contrato, mas solicitaram o acréscimo de duas cláusulas finais. Você pode revisar essas adições para ver se são aceitáveis?
- Planejamento da conferência: Faltam apenas cerca de três meses para a data da conferência, portanto, devemos começar a finalizar a lista de participantes convidados e os eventos do programa. Podemos marcar uma reunião para discutir as próximas etapas?

Os títulos curtos anexados a cada marcador ajudam os leitores a entender rápido quais itens estão incluídos na lista.

Em geral, os títulos devem ser longos e detalhados o suficiente para descrever com clareza do que se trata o conteúdo subsequente, mas não tão longos a ponto de impor uma carga adicional de leitura. Se um leitor conseguir entender uma seção inteira apenas com base no título, provavelmente é longo demais. Na carta da escola mencionada antes, "O que a [NOME DA ESCOLA] vai fazer?" é mais útil e descritivo do que "Próximas etapas". Mas um título como "A [NOME DA ESCOLA] vai monitorar todos os contatos próximos e fechar e desinfetar o prédio" seria desnecessariamente longo e detalhado. Muitos leitores apressados talvez nunca registrassem o significado completo dessa mensagem se ela fosse colocada na linha de assunto de um e-mail.

Regra 6. Considere o uso de recursos visuais

A escrita eficaz, por definição, depende de palavras, frases e parágrafos para transmitir ideias. Mas a *comunicação* eficaz não precisa obedecer a essa restrição. Como editora-chefe da revista *Time*, Nancy Gibbs costumava escrever um bilhete para sua equipe nas margens das reportagens que estava editando: "A melhor forma de transmitir isso é com palavras?". Apesar de ser uma escritora magistral, ela sabia que as palavras nem sempre são a melhor opção para fornecer informações de forma rápida e eficiente a leitores apressados.

Lembra da placa de rua atraente que nosso aluno propôs?

> **RECOLHA O COCÔ DO SEU ANIMAL DE ESTIMAÇÃO.**
>
> DE ACORDO COM A LEI N. 122-87.
> MULTA MÁXIMA:
> US$ 2.000,00.
>
> OBRIGADO!

Por mais que tenhamos gostado da forma como o aluno melhorou o palavreado da placa original, percebemos que uma imagem poderia transmitir exatamente a mesma mensagem de forma mais rápida e universal sem usar nenhuma palavra:

A transmissão visual de informações importantes também é benéfica quando há barreiras linguísticas. Uma pessoa que não fala francês continuaria entendendo imediatamente esta placa:

Não é sempre que podemos ou devemos transformar uma mensagem prática em um gráfico completamente sem palavras. Mas há muitas maneiras menos extremas de as figuras e imagens serem úteis para o leitor. Muitas comunicações podem se tornar mais eficazes com a conversão de algumas frases em tabelas ou gráficos.

Os gráficos de linhas e de barras são ferramentas simples e eficazes para transmitir informações quantitativas, como tendências de medição ou desempenho. Os infográficos podem ajudar a transmitir informações não quantitativas, como as etapas necessárias para montar um móvel. Elementos gráficos eficazes não precisam consolidar todas as informações relevantes em um único gráfico ou em uma única imagem. Em vez disso, podem servir para simplificar a comunicação. Para uma discussão profunda e inspiradora sobre maneiras de compartilhar ideias de forma gráfica, recomendamos começar com o livro clássico de Edward Tufte, *The Visual Display of Quantitative Information* [A exibição visual de informações quantitativas].

Até mesmo tabelas simples que organizam palavras e números em uma estrutura podem transmitir ideias complexas com muito mais clareza do que apenas palavras. A recomendação de usar esses tipos de recursos visuais sempre que possível faz parte das "diretrizes federais de linguagem simples", o conjunto de regras criadas para garantir que os documentos do governo dos Estados Unidos sejam compreensíveis para o público em geral. O exemplo a seguir foi extraído diretamente dessas diretrizes:[8]

ORIGINAL:

Devemos receber seu formulário de inscrição preenchido até o 15º dia do segundo mês seguinte ao mês de referência, se você não enviar sua inscrição eletronicamente, ou até o 25º dia do segundo mês seguinte ao mês de referência, se você enviar sua inscrição eletronicamente.

EXIBIDA VISUALMENTE:

Se você enviar seu formulário...	Devemos recebê-lo até...
De forma eletrônica	o dia 25 do segundo mês seguinte ao mês de referência
Por outro meio que não seja eletrônico	o dia 15 do segundo mês seguinte ao mês de referência

Observe como a versão *Exibida visualmente* é fácil de ser lida, ao passo que seguir a primeira requer uma leitura mais atenta. Com a versão *Exibida visualmente*, se você quiser enviar uma solicitação de forma eletrô-

---

8. "Monthly due date", *plainlanguage.gov*, s.d., https://www.plainlanguage.gov/examples/before-and-after/monthly-due-date/.

nica, não precisará ler a última linha da tabela; basta navegar de imediato para a primeira linha ("Eletronicamente"). E vice-versa se você não enviar de forma eletrônica. As versões *Original* e *Exibida visualmente* incluem o mesmo conteúdo, mas a última aproveita a lógica das tabelas para reduzir o esforço necessário para entender as informações.

As regras em ação: como é uma boa navegação

Para ver como essas regras podem ser aplicadas à comunicação real com consequências significativas, recorremos a um estudo conduzido por uma equipe de pesquisa que trabalhou com o Departamento de Polícia de Nova York para reformular as notificações de intimação judicial da cidade.[9] Em Nova York, as pessoas que cometem infrações mais *amenas* recebem uma intimação em papel para comparecer ao tribunal em uma data e hora específicas. Se perderem a data do julgamento, pode ser emitido um mandado de prisão. Apesar da ameaça, muitos destinatários não comparecem à audiência marcada no tribunal.

O não comparecimento ao tribunal tende a ser interpretado pelas autoridades policiais e pelos advogados como uma decisão ativa, ou seja, que os beneficiários *decidiram* intencionalmente não ir ao tribunal. Em um estudo de 2020, uma equipe de pesquisadores questionou essa suposição. Eles investigaram se muitas pessoas deixam de comparecer apenas porque a intimação escrita é difícil de entender.

A intimação judicial padrão usada pela polícia de Nova York na época do estudo é mostrada na próxima página. Ela era intitulada "Reclamações/Informações". Os primeiros dois terços da notificação listavam detalhes sobre a pessoa presa e sobre as acusações feitas contra ela. O destinatário precisava ir até o final do formulário para encontrar a informação mais importante: o fato de que deveria comparecer a um tribunal específico em uma data específica e em um horário específico.

---

9. Alissa Fishbane, Aurelie Ouss e Anuj K. Shah, "Behavioral nudges reduce failure to appear for court", *Science*, vol. 370, n. 6517, 2020, eabb6591.

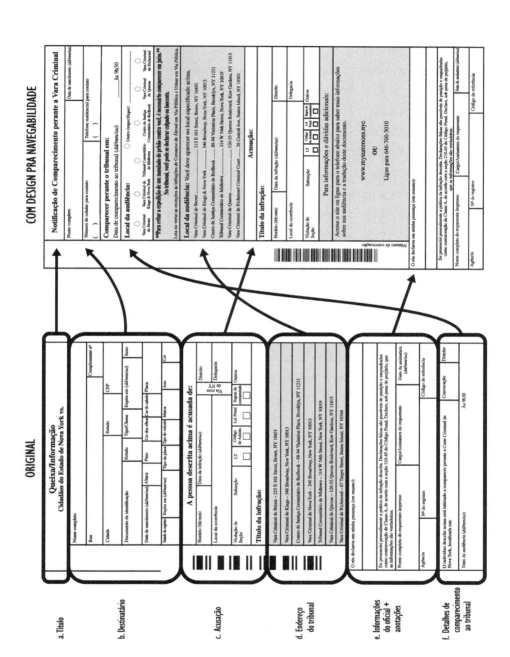

123

Para esse estudo, os pesquisadores refizeram o formulário a fim de torná-lo mais acessível no âmbito visual. Sua nova versão empregou todas as regras de navegabilidade que expusemos neste capítulo.

Primeiro, eles deixaram o objetivo do formulário imediatamente claro (regra 1) e colocaram essas informações na parte superior (regra 4). Eles mudaram o título de "Reclamações/Informações", que não dá nenhuma indicação de qual é a comunicação, para o inequívoco "Aviso de comparecimento ao tribunal criminal". Na parte superior do aviso, também acrescentaram os detalhes relevantes sobre onde e quando o destinatário deveria comparecer. Qualquer leitor que comece na parte superior do aviso reformulado provavelmente entenderá de imediato que está sendo intimado a comparecer a um determinado tribunal em determinada data. Mesmo que pare de ler, terá captado essas informações importantes.

Em segundo lugar, os pesquisadores separaram visualmente assuntos distintos (regra 2). Na versão *Original*, as informações sobre o oficial (e) e os detalhes sobre o comparecimento ao tribunal (f) estão próximos uns dos outros e com formato semelhante. Um leitor apressado pode pensar que estão relacionados, mas, na realidade, são assuntos completamente distintos. A versão *Com design para navegabilidade* separa esses itens, movendo os detalhes de comparecimento ao tribunal (f) para a parte superior do formulário.

Em terceiro lugar, a versão modificada coloca os assuntos relacionados um ao lado do outro (regra 3), pondo em um único local todas as informações necessárias para comparecer ao tribunal: o endereço do tribunal (d), juntamente com a data e a hora (f).

Em quarto lugar, os pesquisadores acrescentaram títulos (regra 5). De forma mais óbvia, adicionaram cabeçalhos claros para destacar os detalhes do comparecimento ao tribunal (f), sinalizando-os com as palavras "Esteja no tribunal no dia" e "Local de seu comparecimento ao tribunal".

Em quinto lugar, os detalhes do tribunal (f) na versão *Original* exigem que o oficial escreva à mão o nome do tribunal específico no qual o cidadão deve comparecer. Isso pode levar a mal-entendidos e ao não comparecimento se a caligrafia for ilegível. A versão *Com design para navegabilidade* exibe visualmente esse elemento (regra 6) com os tribunais listados no modo horizontal. Tudo o que o oficial precisa fazer é preencher a bolinha apropriada.

Em seguida, os pesquisadores testaram o impacto do formulário reformulado durante um período de 17 meses em que quase 324 mil residentes receberam uma das duas intimações. As taxas de não comparecimento foram 13% menores entre os residentes que receberam o novo formulário em comparação com os residentes que receberam o antigo. Com base nessa taxa, os pesquisadores estimam que a versão *Com design para navegabilidade* resultou na emissão de cerca de 23 mil mandados de prisão a menos. O formulário mais bem projetado poupou esses réus das consequências crescentes de não comparecer ao tribunal e evitou envolver ainda mais um sistema judiciário já sobrecarregado. Agora, essa é a intimação-padrão em toda a cidade.

Embora não sejam muitos de nós os que regularmente escrevem (ou leem) convocações de tribunais, todos podem se beneficiar desses mesmos princípios de design para navegação fácil. Entrar em contato com seu criador de mapas interno pode ajudar você a ser muito mais eficaz em se conectar com leitores ocupados.

7

Quarto princípio:
formate sem exagero

A formatação é um pouco como os temperos na culinária: você deve incluí-los com cuidado e não deve usá-los em excesso. Nesse espírito, tente pensar em sublinhado, negrito, itálico, caixa-alta (ou seja, tudo em maiúsculas), marcadores e outras formatações de texto não apenas como ferramentas, mas como ingredientes funcionais que você pode adicionar à sua escrita.

As ferramentas de formatação padrão que usamos hoje são resultado de milênios de experimentação e inovação. Nos primórdios da escrita romano-saxônica, os escritores não usavam pontuação nem mesmo espaços entre as palavras. Então, um grupo de escribas irlandeses empreendedores, no século VII d.C., começou a "aerar" o texto com espaços para facilitar a leitura.[1] Você pode ver como isso foi um grande avanço:

---

1. Paul Saenger, *Space Between Words: The Origins of Silent Reading*. Stanford, CA: Stanford University Press, 1997.

Não aerado: *Séculosdepoisosespaçosentreaspalavrassetornaramcanônicos.*
Aerado: *Séculos depois, os espaços entre as palavras tornaram-se canônicos.*

Aparentemente, naquela época, os escritores também estavam preocupados em chegar aos leitores apressados. Os espaços tornam a leitura *muito* mais fácil e rápida. (Saudamos vocês, escribas irlandeses.) Com o tempo, as quebras de linha — que hoje reconhecemos como parágrafos — passaram a ser usadas de forma consistente para marcar o fim e o início das ideias. Depois, vieram o itálico, o realce, o negrito, entre outros. Hoje, estamos acostumados a ver textos que usam uma variedade de formatação para ajudar os leitores a entender e navegar pelos textos.

A formatação tem duas finalidades principais. A princípio, ela transmite um significado que vai além do significado das próprias palavras. Além disso, ajuda a captar a atenção dos leitores, fazendo com que determinadas palavras se destaquem das demais.

Lembra como o contraste visual atrai de imediato a atenção do espectador? Vamos revisitar nossa cena do parque:

Da mesma forma que a pessoa que está passeando com o cachorro contrasta com o ambiente nessa imagem, as palavras formatadas contrastam com as palavras não formatadas próximas e, por isso, em geral, são notadas primeiro. Esse contraste altamente perceptível torna a formatação uma ferramenta poderosa para escritores que desejam chamar a atenção dos leitores para informações ou ideias específicas.

Depois que os leitores percebem as palavras formatadas, eles aplicam suas próprias regras de ouro para entender a formatação. Por exemplo, a CAIXA-ALTA é comumente interpretada como grito, enquanto o *itálico*, às vezes, é interpretado como irônico ou sarcástico e, outras vezes, apenas como uma ênfase. Um desafio notável aqui é que as regras que os leitores usam nem sempre se alinham com o significado almejado pelos escritores. Como resultado, entender as regras dos leitores é fundamental para os escritores que desejam usar a formatação de forma eficaz.

As regras da formatação eficaz

Regra 1. Adequar a formatação às expectativas dos leitores

Para descobrir as formas típicas como os leitores interpretam diferentes tipos de formatação, realizamos uma pesquisa on-line. Perguntamos a 797 pessoas o que elas acham que os escritores querem dizer quando usam diversos estilos comuns de formatação. Para manter a pergunta neutra, não fornecemos nenhuma orientação nem opções de respostas pré-selecionadas. Apenas pedimos aos entrevistados que compartilhassem suas interpretações.[2]

Realce, sublinhado, **negrito**

---

2. Pesquisa on-line realizada no Prolific em dezembro de 2022.

A maioria das pessoas que responderam à nossa pesquisa relatou que interpreta o texto em **negrito**, sublinhado e realçado como indicação dos aspectos que o autor acredita ser mais importantes. Observe que as mensagens de texto e as publicações em redes sociais geralmente não aceitam esses tipos de formatação. Os escritores que estão se comunicando por meio desses canais têm opções mais limitadas, dando mais ênfase estritamente às palavras em si.

Itálico e cor da fonte

Quando se trata de *itálico* e mudanças na **cor da fonte**, os leitores têm interpretações divergentes. Alguns interpretam o itálico e a cor da fonte como ferramentas para direcionar a atenção às informações mais importantes, mas outros os interpretam como uma forma de transmitir uma ênfase mais estreita em uma frase. É uma distinção sutil, mas importante. Às vezes, os escritores querem fazer com que uma palavra ou uma frase se destaque do texto ao redor para aprofundar o significado desse texto; isso é *ênfase*. (Viu o que acabamos de fazer?) Pense na frase "estou muito animado para nossa próxima reunião" versus "estou *muito* animado para nossa próxima reunião". Na última frase, "muito" não é a palavra mais importante, mas *é* enfatizada para destacar o nível de empolgação do escritor.

Como importância e ênfase não são a mesma coisa, e como os leitores podem interpretar itálico e cores de fonte como se estivessem transmitindo um desses significados, os escritores que quiserem usar essas ferramentas precisam ter o cuidado de gerenciar a ambiguidade. Algumas profissões e organizações profissionais estabeleceram normas para o uso de diferentes tipos de formatação, o que reduz o potencial de confusão. Na escrita jurídica, por exemplo, o itálico é usado, em geral, quando se refere a casos anteriores que estão sendo citados. Porém, em ambientes em que essas normas ainda não existem, talvez os escritores devam fornecer um contexto que ajude os leitores a interpretar suas escolhas de formatação.

Os escritores podem anunciar seu estilo logo de início — por exemplo, "os pontos mais importantes estão em azul" ou "coloquei em itálico os pontos mais importantes". Essas declarações explícitas criam normas para os leitores de forma semelhante a como os livros didáticos frequentemente exibem os principais conceitos em uma cor de fonte diferente e definem o significado da cor no início ou no final de cada capítulo. Os escritores também podem adicionar cabeçalhos (como "Mais importante:") antes das frases em negrito ou itálico para eliminar qualquer dúvida. Contudo, conforme já observamos, os escritores que se comunicam por meio de mensagens de texto ou em redes sociais, em geral, não têm a opção de itálico e cor de fonte. Portanto, é mais provável que usem caixa-alta ou emojis, que é o incremento de formatação moderno por excelência.

CAIXA-ALTA (letras maiúsculas)

A maioria dos entrevistados da pesquisa também interpretou o uso de caixa-alta como um sinal de importância, mas uma fração considerável (25%) declarou que, em vez disso, considerava que a caixa-alta transmitia raiva. A última interpretação provavelmente reflete o crescimento das redes sociais, em que os comentários em letras maiúsculas são frequentemente considerados agressivos ou até mesmo hostis. Se um tipo de formatação tiver mais de uma interpretação comum, isso pode causar confusão. Quando um leitor vê uma frase em caixa-alta, ele pode parar para se perguntar: o escritor está com raiva ou está enfatizando que essas palavras são importantes? Ou as duas coisas? A leitura cuidadosa do conteúdo ao redor pode ajudar os leitores a descobrir a verdadeira intenção do escritor, mas muitos leitores apressados já terão desistido nesse momento.

Talvez por causa dessas ambiguidades, o uso de maiúsculas tem sido objeto de deliberação legal. A Comissão Federal de Comércio dos Estados Unidos exige que as divulgações ao consumidor (como termos e condições legais) sejam "claras e evidentes".[3] Para atender a essa exigência, muitas organizações usam caixa-alta em seções críticas de contratos; por exemplo, mais de três quartos dos contratos de termos e condições da Amazon, da Uber e do Facebook contêm pelo menos um parágrafo todo em maiúsculas.[4] Algumas leis estaduais determinam claramente que a caixa-alta deve ser usada para destacar as principais seções em tipos específicos de contratos, desde ordens de pensão alimentícia até explicações sobre direitos em caso de despejo.[5] No entanto, considerando as diversas maneiras como os leitores interpretam a formatação, em vez de garantir que palavras específicas sejam lidas, o uso de caixa-alta em tudo pode efetivamente escondê-las a olhos vistos.

Reconhecendo essa possibilidade, alguns tribunais determinaram recentemente que o texto com caixa-alta não é suficiente para informar os consumidores sobre o conteúdo crítico em divulgações e declarações legais.[6] Algumas pesquisas apoiaram a opinião dos tribunais. Estudos mostram que o texto em letras maiúsculas não melhora a compreensão dos leitores. As passagens em caixa-alta levam muito mais tempo para ser lidas do que o texto normal, sobretudo por adultos mais velhos, e isso pode, na verdade, reduzir a capacidade de compreensão.[7]

---

3. "Full disclosure", *Federal Trade Commission*, 23 set. 2014, https://www.ftc.gov/business-guidance/blog/2014/09/full-disclosure.
4. Yonathan A. Arbel e Andrew Toler, "ALL-CAPS", *Journal of Empirical Legal Studies*, vol. 17, n. 4 2020, pp. 862-896.
5. Mary Beth Beazley, "Hiding in plain sight: 'Conspicuous type' standards in mandated communication statutes", *Journal of Legislation*, vol. 40, 2013, p. 1.
6. Beazley, "Hiding in plain sight", 1.
7. Embora algumas leis exijam caixa-alta para tornar o texto visível, esse uso não atende necessariamente aos requisitos legais de clareza e visibilidade em outros contextos. Inclusive, o Tribunal Federal do 9º Circuito dos Estados Unidos escreveu na *American*

Uma grande vantagem da opção de usar caixa-alta é que ela está disponível para escritores em qualquer mídia, do papel até os e-mails, passando por formulários da web e chats no ambiente profissional. Ao contrário da maioria dos demais tipos de formatação, o uso de maiúsculas também é possível em mensagens de texto e publicações em redes sociais. Lembre-se de que a caixa-alta pode ser usada para indicar ênfase, mas também pode ser interpretada como um grito mal-educado ou infantil. Tome cuidado para garantir que seu público pense que você quer dizer o que *você* pensa que quer dizer.

Marcadores

Os marcadores são ferramentas de formatação extremamente úteis, embora também sofram interpretações variadas. Na maior parte das vezes, eles não se adaptam bem às redes sociais ou às mensagens de texto. A maioria dos entrevistados de nossa pesquisa indicou que os itens com marcadores significam, em geral, conteúdo importante, mas uma proporção substancial interpretou especificamente os itens com marcadores como listas de sinalização que seguem uma hierarquia e uma lógica. Com base nessa última visão, as palavras transmitidas com marcadores estão logicamente conectadas umas às outras e à frase que as precede.

Em geral, os leitores observam a frase que precede uma lista com marcadores para determinar se vale a pena ler a lista em si. Se você pretende que a lista siga uma hierarquia, esse seria o lugar lógico para informar o leitor. Os leitores também reconhecem que os submarcadores — marcadores com recuo maior e aninhados sob marcadores de nível mais alto — estão relacionados ao marcador de nível mais alto logo acima deles. Em consequência, os leitores podem ignorar os submarcadores se o marcador de nível mais alto não for relevante para

---

General Finance, Inc. v. Bassett, 285 F.3d 882, 2002): "Advogados que acham que suas teclas de *caps lock* são botões instantâneos de 'tornar conspícuo' estão iludidos". Ver: https://www.adamsdrafting.com/all-capitals/.

eles. As "diretrizes federais de linguagem simples" do governo dos Estados Unidos demonstram como os marcadores podem ser úteis para organizar e simplificar as informações, ajudando os leitores a entender mais rápido os pontos principais. Essas diretrizes mostram duas versões de uma descrição dos critérios de elegibilidade do programa de saúde Medicaid como exemplo.[8]

Padrão

Medicaid. Inscreva-se se você for idoso (65 anos ou mais), cego ou deficiente e tiver baixa renda e poucos recursos. Inscreva-se se tiver uma doença terminal e quiser receber serviços de cuidados paliativos. Inscreva-se se for idoso, cego ou deficiente, morar em uma casa de repouso e tiver baixa renda e recursos limitados. Inscreva-se se for idoso, cego ou deficiente e precisar de cuidados em casa de repouso, mas puder ficar em casa com serviços especiais de cuidados comunitários. Inscreva-se se você for elegível para o Medicare e tiver baixa renda e recursos limitados.

Com marcadores

Você pode solicitar o Medicaid se for:

- *doente terminal e quiser serviços de cuidados paliativos;*
- *elegível para o Medicare e tiver baixa renda e recursos limitados;*
- *maior de 65 anos de idade, cego ou deficiente, tiver baixa renda e poucos recursos, e*
  - ☐ *morar em uma casa de repouso ou*
  - ☐ *precisar de cuidados em casa de repouso, mas puder ficar em casa com serviços especiais de cuidados comunitários.*

As versões *Padrão* e *Com marcadores* transmitem exatamente o mesmo conteúdo, mas a última é muito mais fácil e rápida de ler exatamente porque organiza as informações da forma que os leitores esperam e

---

8. "Medicaid eligibility", *plainlanguage.gov*, d.d., https://www.plainlanguage.gov/examples/before-and-after/medicaid-eligibility/.

entendem. Cada marcador se conecta à frase que precede a lista com marcadores, e cada submarcador se relaciona ao marcador de nível mais alto acima dele.

Há diversas maneiras pelas quais os leitores interpretam os marcadores, por isso eles precisam ser usados com cuidado. Os escritores costumam usar listas com marcadores para organizar o conteúdo, mas sem a intenção de sugerir que os itens com marcadores são mais importantes do que as ideias adjacentes que não estão marcadas. Por exemplo, uma organização com a qual trabalhamos compartilhou um e-mail escrito por seu presidente para outros membros da diretoria. Um dos principais objetivos da mensagem era encontrar um horário para agendar a próxima reunião da diretoria; essa questão-chave foi incorporada em um parágrafo no fim da mensagem. No entanto, a mensagem também incluía seis parágrafos de outras informações, inclusive uma lista com marcadores de treze itens que novos clientes recebiam da organização, como chocolate, balas e uma planta. Não escrevemos a mensagem, mas parece seguro presumir que a lista com marcadores de presentes para novos clientes era menos importante do que a pergunta sobre o agendamento da próxima reunião.

Nesses casos, os marcadores podem criar um conflito entre os objetivos do leitor e os do escritor. Se os leitores deduzirem que uma lista com marcadores também é a parte mais importante da sua mensagem, eles poderão se sentir no direito de ignorar o restante da mensagem depois de ler os itens com marcadores, perdendo, assim, as informações que você realmente queria transmitir como mais importantes. E, de fato, depois que o presidente enviou a mensagem que citamos, eles tiveram problemas para agendar a reunião seguinte.

O uso de marcadores para listar itens de baixa prioridade pode desviar o leitor do que de fato importa. Listar os itens em uma única frase, separados por ponto e vírgula, poderia ter evitado que os diretores atarefados perdessem as informações mais importantes em outra parte do documento.

O ideal é que os leitores apressados não precisem parar e questionar o que você quer dizer com o texto em negrito (ou em itálico, destacado, sublinhado etc.). Você pode evitar essa confusão compreendendo as interpretações de seus leitores ou sendo claro a respeito de suas próprias interpretações. Quando escritor e leitores concordam com os significados, a formatação pode ser altamente eficaz para facilitar a leitura, a compreensão e o envolvimento das mensagens.

Regra 2. Realce, use **negrito** ou <u>sublinhe</u> as ideias mais importantes

Como a grande maioria das pessoas interpreta o texto destacado, em negrito e sublinhado como identificação do que o autor considera mais importante, essas ferramentas são úteis para chamar a atenção dos leitores para partes críticas do texto.

Em outro de nossos estudos on-line, pagamos a um grupo de mais de 1.600 participantes para ler um trecho de cinco parágrafos. Bem no meio do quarto parágrafo, inserimos uma frase que instruía os leitores a selecionar "leitores apressados" como resposta a uma pergunta de pesquisa posterior. Alguns participantes receberam uma versão da passagem que não tinha formatação. Nesse primeiro grupo, 65% seguiram as instruções; eles gastaram uma média de quase dois minutos lendo a passagem. O restante dos participantes viu a mesma passagem, mas com a frase de instrução destacada em amarelo, sublinhada ou em negrito. No segundo grupo, 89% dos participantes seguiram as instruções e gastaram quase vinte segundos a menos na leitura, em média.[9] A formatação das palavras-chave chamou a atenção dos leitores, comunicou a mensagem desejada e reduziu o tempo gasto no restante da passagem.

---

9. Pesquisa on-line realizada no MTurk em janeiro de 2023. N = 1.662.

Como esses tipos de formatação são muito eficazes, podem ter uma importante consequência não intencional: desviar com facilidade a atenção dos leitores de todo o restante. Em um estudo anterior, realizado em 2021, pedimos a quase mil pessoas que lessem a mesma passagem de cinco parágrafos.[10] No meio do quarto parágrafo, as instruímos a selecionar uma opção de resposta específica para uma pergunta de pesquisa posterior para ganhar um bônus igual à metade de sua remuneração por participar do estudo.

Entre os que foram designados para ler a passagem sem formatação, 48% seguiram as instruções e ganharam o bônus. Outro grupo recebeu uma frase irrelevante destacada. Nesse caso, apenas 39% dos participantes leram a frase instrutiva (não destacada) e selecionaram a opção de resposta correta para receber a remuneração extra. Talvez pelo fato de os participantes acreditarem que o escritor havia formatado intencionalmente as informações mais importantes, eles leram o restante do texto com menos atenção do que teriam lido se nada tivesse sido formatado.[11]

A principal mensagem aqui é que destacar, colocar em negrito e sublinhar são ações que envolvem compensações; aumentam a probabilidade de os leitores lerem as palavras formatadas, mas podem diminuir a leitura de todo o restante. Se bem utilizadas, essas ferramentas são capazes de ajudar os leitores a localizar e entender as informações mais importantes. Entretanto, se usadas de forma ineficaz, podem prejudicar os objetivos dos escritores. Como em todos os aspectos de uma escrita eficaz, é preciso conhecer o leitor e seus objetivos como escritor.

---

10. Pesquisa on-line realizada no MTurk em fevereiro de 2021. N = 953.
11. Como esse estudo foi realizado para um artigo acadêmico sobre realce, não incluímos condições semelhantes em que a frase irrelevante estivesse em negrito ou sublinhada. No entanto, prevemos que os resultados seriam os mesmos: os leitores interpretariam as palavras formatadas como as mais importantes e, portanto, estariam propensos a pular o restante da passagem e, no processo, perderiam o bônus.

Regra 3. Limite sua formatação

Assim como no caso de palavras, ideias e solicitações, menos é mais também quando se trata de formatação. Em outra versão do estudo de quase mil pessoas que acabamos de descrever, mostramos de novo aos participantes da pesquisa on-line uma passagem de cinco parágrafos com a frase de instrução incorporada no quarto parágrafo.[12] Como antes, os participantes que foram designados a ler a passagem com as instruções incorporadas destacadas tinham maior probabilidade de seguir adiante e ganhar um bônus do que os participantes que viram a mesma passagem sem formatação. Nenhuma surpresa, certo? A escrita destacada tem maior probabilidade de ser lida.

No entanto, desta vez, acrescentamos uma nova condição na qual os participantes viram a mesma passagem com *cinco* frases destacadas, incluindo a frase de instrução incorporada. Os participantes desse grupo, que viram quatro frases destacadas além da frase de instrução, tinham menos probabilidade de ganhar o bônus do que os participantes que viram apenas a frase de instrução destacada. No geral, 84% dos participantes do grupo que viram uma única frase destacada ganharam o bônus, em comparação com apenas 65% dos participantes que viram cinco frases destacadas. O realce de cinco frases ainda produziu uma resposta melhor do que nenhum realce (taxa de sucesso de 55%), mas a formatação de vários itens na mesma passagem evidentemente diluiu o benefício ao espalhar a atenção dos leitores apressados por todos os itens formatados.

A conclusão geral é: evite a formatação de vários itens quando você quiser que o leitor se concentre em apenas um. No entanto, às vezes, você quer de fato que o leitor se concentre em mais de um lugar. Muitas vezes, nos perguntam: "O que devo fazer se eu tiver três (ou mais) itens importantes que precisem ser abordados na mesma mensagem?". Nossa primeira resposta tende a ser questionar se todas as informações

---

12. Pesquisa on-line realizada no MTurk em março de 2021. N = 557.

são realmente importantes. Se a resposta for sim, perguntamos se todas as informações precisam ser incluídas em uma única mensagem. Se a resposta for "sim" de novo, o escritor terá que ser extremamente criterioso ao aplicar a formatação. (Discutiremos essa questão com mais detalhes no capítulo 10.)

Supondo que os vários itens tenham a mesma importância, os escritores eficazes podem querer formatar cada um deles com destaque para ajudar os leitores apressados a perceber todos, mesmo que isso possa obscurecer o restante da mensagem ao redor. Pode ser um exercício útil imaginar um leitor apressado lendo *apenas* o conteúdo formatado. Ele terá captado todas as informações essenciais? Se ele não conseguir captar, volte e reveja as questões que acabamos de apresentar.

Outra abordagem que alguns escritores usam em uma situação como essa é aplicar vários tipos de formatação na mesma mensagem. Normalmente, desaconselhamos esse caminho perigoso. Além de muita formatação diluir o impacto de cada elemento formatado, diversos tipos de formatação podem criar um caos visual e confundir os leitores. Considere o seguinte e-mail que um de nós (Jessica) recebeu de uma empresa de táxi há alguns anos:

JESSICA, **IMPORTANTE: LEIA ESTE E-MAIL NA ÍNTEGRA**

Olá e obrigado por se lembrar de nós. Podemos fornecer seu serviço apenas de ida pela tarifa em dinheiro com o pagamento de um depósito de US$ 25 no link abaixo, onde está escrito "SELECIONE AQUI".

Assim que o pagamento for processado, enviaremos um e-mail de confirmação de pagamento e sua viagem estará **confirmada & reservada**.

Após o PAGAMENTO, seu grupo (1) estará confirmado em minha agenda para embarque

---

Sexta-feira, 14 de janeiro de 20xx às 10h

Embarque: [ENDEREÇO]

Desembarque: [ENDEREÇO]

Tarifa: US$ 79 só ida

(Somente embarque e desembarque. Qualquer parada em loja, carga extra, tempo de espera tem um custo adicional)

Telefone para contato: 555-555-5555

INSTRUÇÕES DE EMBARQUE:

- Entraremos em contato com você no dia do embarque pelo número de telefone de contato que você forneceu.
- Quando estivermos na área, entraremos em contato por telefone ou mensagem de texto alguns minutos antes do embarque, para nos certificarmos de que você está pronta.
- Se houver alguma dúvida ou alteração, LIGUE PARA 555-555-5555.

PAGAR AGORA DEPÓSITO DE US$ 25

1. "SELECIONE AQUI" Sob a SETA VERMELHA, selecione o botão "CLI-QUE PARA PAGAR AGORA".

2. Você pode pagar com cartão de crédito ou conta do PayPal.

SALDO DE US$ 54 A SER PAGO NO MOMENTO DO SERVIÇO, *SOMENTE EM DINHEIRO*! GORJETA DO MOTORISTA NÃO INCLUSA. *Gorjeta é habitual e apreciada. Obrigado!*

O NÚMERO DE SEU RECIBO/IDENTIFICAÇÃO DE TRANSAÇÃO É SUA CONFIRMAÇÃO

Um e-mail de confirmação final será enviado após a compensação do pagamento

Atenciosamente,

[NOME DO VENDEDOR]

Gerente de vendas & suporte

Obrigado por apoiar nossa empresa local de propriedade e operação familiar

Esse e-mail usa de tudo: vários tamanhos de fonte, várias cores de fonte e de realce (ambas mostradas aqui em tons de cinza), negrito, caixa-alta, sublinhado, itálico, marcadores e muito mais. O resultado final é colorido, cômico e confuso. Em que o leitor deve prestar atenção? Quais informações são mais importantes? Com tanta coisa acontecendo, os leitores variam muito em relação ao que acham que o autor pretende que seja mais importante.

Quando mostramos esse e-mail aos alunos, alguns concluem que as informações mais importantes são os detalhes do embarque no táxi. Outros identificam o número de telefone para pedir ajuda. Alguns identificam a necessidade de pagar um depósito de 25 dólares. Outros ainda dizem que a informação mais importante é o saldo devido no momento do embarque no táxi. Será que quem escreveu está com raiva porque o saldo de 54 dólares não foi pago e por isso está escrito em caixa-alta? Ou ele está apenas enfatizando que os 54 dólares precisam ser pagos no futuro? Todos esses itens formatados, e formatados de maneiras diferentes, deixam os leitores confusos quanto ao que é realmente mais importante. Um leitor confuso indica que o escritor falhou em uma comunicação clara.

A solução para o escritor teria sido encontrar o ponto focal escondido nessa bagunça. Em uma leitura atenta, parece haver uma informação que é mais importante para o escritor: o destinatário deve pagar um depósito de 25 dólares para confirmar sua reserva de táxi. Você entendeu isso depois de uma rápida olhada? Quando recebeu a mensagem, Jessica com certeza não entendeu. Ao ver as palavras "confirmada & reservada" em negrito e sublinhado, ela acreditou que sua viagem já estava, de fato, confirmada e reservada. Só depois de ler algumas vezes ela percebeu que ainda precisava pagar o depósito para confirmar a viagem. Se o e-mail tivesse sido formatado de modo mais eficaz, ela teria economizado tempo e esforço. Nesse caso, ela dedicou tempo e esforço e conseguiu extrair esse detalhe importante. No entanto, é muito provável que outros leitores não tenham percebido isso. Assim, a má formatação da empresa de táxi provavelmente fez com que ela perdesse alguns clientes e pode ter feito com que viajantes confusos perdessem seus voos.

O e-mail da empresa de táxi é o equivalente escrito de um sanduíche de manteiga de amendoim, presunto e gorgonzola em pão de banana: uma combinação de ingredientes atraentes que se transformam em um todo desagradável e desencorajador. O uso de muitos tipos de formatação em uma única mensagem pode fazer com que os leitores não consigam entender o significado de cada um deles; assim, é menos provável que leiam ou entendam as informações mais importantes. A formatação de muitos itens pode ser menos eficaz do que a formatação de nenhum. Porém, se você escolher o ingrediente apropriado e aplicá-lo de forma criteriosa, o resultado poderá direcionar a atenção dos leitores exatamente para onde você deseja.

8

Quinto princípio: explique por que é importante

A maioria de nós não é muito boa em imaginar o mundo a partir da perspectiva de outra pessoa. Em um estudo extravagante, mas ilustrativo, a pesquisadora Elizabeth Louise Newton, de Stanford, dividiu os participantes do teste em dois grupos: *batucadores* e *ouvintes*. Os batucadores tocavam o ritmo de músicas conhecidas, como "Parabéns a você!" e o hino nacional dos Estados Unidos; os ouvintes tentavam adivinhar as músicas que estavam sendo batucadas. Depois, veio o verdadeiro teste. Os batucadores foram solicitados a imaginar que eram ouvintes e a prever qual fração dos ouvintes identificaria corretamente as músicas. Os batucadores previram uma taxa de sucesso de 50%. Na realidade, os ouvintes acertaram apenas 2,5% das vezes![1] Os batucadores eram péssimos em entrar na mentalidade dos ouvintes e não tinham ideia do quanto eram péssimos.

Nós, escritores, tendemos a ser igualmente péssimos em adotar a perspectiva de nossos leitores. Achamos que eles dedicam mais tempo às nossas mensagens do que realmente dedicam. Achamos

---

1. Elizabeth Louise Newton, "The rocky road from actions to intentions", tese de doutorado, Stanford University, 1990.

que encontram valor nas mesmas coisas que nós. Na realidade, como vimos, escritores e leitores em geral têm objetivos divergentes. Os leitores ignoram sistematicamente as mensagens que não parecem atender aos seus objetivos — e, assim, nossos próprios objetivos não são atingidos.

Como escritores, não podemos necessariamente mudar os assuntos sobre os quais escrevemos para torná-los mais interessantes ou relevantes para nossos leitores. O que *podemos* fazer é nos treinar para entender melhor nossos leitores, para que possamos nos comunicar com eles de forma mais eficaz. Podemos enfatizar de forma estratégica os aspectos de nossas mensagens com os quais achamos que nossos leitores podem se importar mais e explicar com clareza por que acreditamos que eles devem se importar.

Nem a escrita mais eficaz pode garantir o sucesso, mas pode aumentar significativamente a probabilidade de que leitores apressados leiam e se envolvam com o que escrevemos.

As regras da escrita relevante no âmbito pessoal

Regra 1. Enfatize o que os leitores valorizam ("E daí?")

Quando os leitores consideram um assunto relevante no nível pessoal, se esforçam mais para entendê-lo, leem com mais profundidade e se lembram de mais conteúdo.[2] Pesquisadores confirmaram com experimentos o que todos nós percebemos de forma subjetiva: as pessoas tendem a dedicar mais tempo e esforço a coisas que as afetam de forma direta. Em um estudo, o psicólogo Richard Petty e seus colegas pediram a estudantes de graduação que lessem um texto sobre uma

---

2. Sharon E. Beatty e Scott M. Smith, "External search effort: An investigation across several product categories", *Journal of Consumer Research*, vol. 14, n. 1, 1987, pp. 83-95; Hanjoon Lee, Paul M. Herr, Frank R. Kardes e Chankon Kim, "Motivated search: Effects of choice accountability, issue involvement, and prior knowledge on information acquisition and use", *Journal of Business Research*, vol. 45, n. 1, 1999, pp. 75-88.

política universitária que estava sendo considerada, como a criação de um exame obrigatório para se formar. Quando os alunos foram informados de que a faculdade que frequentavam estava considerando a política, eles a leram com mais atenção e de forma mais completa do que quando foram informados de que era uma faculdade em outro estado fazendo isso.[3]

Um estudo diferente realizado na University of Notre Dame analisou a organização de engajamento de jovens eleitores Rock the Vote para investigar como um senso de consequências pessoais pode melhorar a taxa de sucesso de uma mensagem real.[4] A Rock the Vote, uma organização criada para recrutar jovens eleitores em shows de rock, enviou um e--mail para 19.990 pessoas incentivando-as a se voluntariar para registrar eleitores em shows ao vivo. Os e-mails foram enviados em duas versões.

A versão com a *Perspectiva do escritor* incluía uma linha de assunto que refletia o objetivo do escritor: recrutar novos voluntários. A versão com a *Perspectiva do leitor* incluía uma linha de assunto que se concentrava em algo que o destinatário poderia valorizar.

Perspectiva do escritor
Assunto: Seja voluntário na Rock the Vote!
Perspectiva do leitor
Assunto: Quer participar de eventos gratuitos?

A versão com a *Perspectiva do leitor* também incluía uma frase no corpo da mensagem reiterando: "Você vai poder assistir aos melhores

---

3. Richard E. Petty e John T. Cacioppo, "Issue involvement can increase or decrease persuasion by enhancing message-relevant cognitive responses", *Journal of Personality and Social Psychology*, vol. 37, n. 10, 1979, p. 1915; Richard E. Petty, John T. Cacioppo e Rachel Goldman, "Personal involvement as a determinant of argument-based persuasion", *Journal of Personality and Social Psychology*, vol. 41, n. 5, 1981, p. 847.
4. Lauren Marie Keane, "Sowing the seeds for grassroots growth: How recruitment appeals impact the calculus of citizen engagement", tese de doutorado, University of Notre Dame, 2013.

shows de graça e fazer um trabalho importante ao mesmo tempo!". Os assinantes da lista de e-mails que receberam a versão com a *Perspectiva do leitor* tinham quase quatro vezes mais chances de se inscrever como voluntários do que aqueles que receberam a *Perspectiva do escritor*.

PERSPECTIVA DO ESCRITOR

PARA: [NOME]

DE: Rock the Vote

ASSUNTO: Seja voluntário na Rock the Vote

ROCK⃝VOTE

Prezado [NOME],

Em 2010, haverá grandes eleições em todo o país. E, aqui no Colorado, com a sua ajuda, a Rock the Vote vai registrar os jovens para votar em shows e festivais,  bares e festas de bairro, dentro e fora do *campus*. Você topa participar da equipe de rua da Rock the Vote em sua comunidade ou em seu *campus*?

Clique aqui para se inscrever como voluntário da Rock the Vote no Colorado.

A Rock the Vote tem o compromisso de envolver os jovens do Colorado. Este ano, estamos nos concentrando nas pessoas que completaram 18 anos desde a eleição de 2008 e naquelas que se mudaram — elas precisam se registrar outra vez em seu novo endereço! Faça parte do movimento para que os jovens se registrem para votar e voltem às urnas em 2010.

Já temos alguns eventos excelentes planejados, então, clique aqui para conferir os eventos e se inscrever como voluntário.

Estou animado para trabalhar com você.

Atenciosamente,

[NOME DO COORDENADOR]
Coordenador do Estado do Colorado

PERSPECTIVA DO LEITOR

PARA: [NOME]
DE: Rock the Vote
ASSUNTO: Quer participar de eventos gratuitos?

Prezado [NOME],

Em 2010, haverá grandes eleições em todo o país. E, aqui no Colorado, com a sua ajuda, a Rock the Vote vai registrar os jovens para votar em shows e festivais, bares e festas de bairro, dentro e fora do *campus*. Você topa participar da equipe de rua da Rock the Vote em sua comunidade ou em seu *campus*?

> Você vai poder assistir aos melhores shows de graça e fazer um trabalho importante ao mesmo tempo!
> VOLUNTARIAR-SE >

Você vai poder assistir aos melhores shows de graça e fazer um trabalho importante ao mesmo tempo!

Clique aqui para se inscrever como voluntário da Rock the Vote no Colorado.

A Rock the Vote tem o compromisso de envolver os jovens do Colorado. Este ano, estamos nos concentrando nas pessoas que completaram 18 anos desde a eleição de 2008 e naquelas que se mudaram — elas precisam se registrar outra vez em seu novo endereço! Faça parte do movimento para que os jovens se registrem para votar e voltem às urnas em 2010.

Já temos alguns eventos excelentes planejados, então, clique aqui para conferir os eventos e se inscrever como voluntário.

Estou animado para trabalhar com você.

Atenciosamente,
[NOME DO COORDENADOR]

Coordenador do Estado do Colorado

Nesse exemplo, o apelo ao interesse próprio dos leitores — um show gratuito parece ótimo! — ajudou a Rock the Vote a atingir sua meta de aumentar o número de voluntários. Nesse caso, a organização tinha como alvo os jovens, que provavelmente são amantes de música, mas os shows gratuitos não são a única coisa com que os leitores se importam. Eles também podem estar motivados a ajudar os outros, a expressar seus valores, a adotar o comportamento de outros ou apenas ser vistos como uma boa pessoa.[5] No mesmo experimento, a Rock the Vote testou mensagens adicionais que enfatizavam esses outros aspectos. Nenhuma delas rendeu tantas inscrições de voluntários quanto a mensagem do "show gratuito", mas outros tipos de leitores em outros contextos inevitavelmente reagem de forma diferente. É importante entender a perspectiva de seus leitores específicos e testar mensagens diferentes, quando possível.

O estudo da Rock the Vote também destaca uma importante consideração ética nos apelos aos desejos e objetivos pessoais do leitor. Alguns destinatários da versão *Perspectiva do leitor* podem ter aberto o e-mail porque se sentiram tentados pela perspectiva de ingressos gratuitos para shows, mas não tinham interesse em ser voluntários. Esses leitores teriam perdido seu tempo lendo uma mensagem que, em última análise, não lhes interessava e, ao fazê-lo, poderiam ter se sentido enganados. Ao mesmo tempo, outros destinatários podem ter se envolvido com a mensagem por causa do apelo dos ingressos gratuitos para o show, mas depois descoberto que — apesar de não terem previsto — *estavam* interessados em ser voluntários. Esses mesmos leitores podem ter ignorado a mensagem da *Perspectiva do escritor*. Seria melhor se tivessem recebido a versão com a *Perspectiva do leitor*, pois lhes permitiria descobrir uma oportunidade que valorizavam e que, de outra forma, teriam perdido.

---

5. Jacob D. Teeny, Joseph J. Siev, Pablo Briñol e Richard E. Petty, "A review and conceptual framework for understanding personalized matching effects in persuasion", *Journal of Consumer Psychology*, vol. 31, n. 2, 2021, pp. 382-414.

Em última análise, as pessoas que criaram os e-mails da Rock the Vote, como todos os escritores, tiveram que equilibrar os custos e os benefícios de enfatizar informações diferentes. Talvez o custo de tempo para os leitores amantes de shows que não têm interesse em se voluntariar seja um preço aceitável a ser pago para recrutar mais voluntários. Em outros contextos, o risco de enganar os leitores ou desperdiçar o tempo deles pode superar os benefícios de usar a abordagem refletida na *Perspectiva do leitor*. Se a mensagem orientada ao leitor aparentar ter um fundamento enganoso ou se o leitor não simpatizar com os objetivos do escritor, a comunicação pode afastar seu público-alvo, além de desperdiçar o tempo dele.

Um bom atalho para escritores que estão trabalhando em comunicações práticas é perguntar "E daí?". Tente imaginar o destinatário da sua mensagem e pense no que faria com que essa pessoa se importasse com o que você está dizendo. Um fator adicional a ser considerado não é apenas o motivo pelo qual o leitor deve se importar, mas também o motivo pelo qual o leitor deve se importar *agora* — ou seja, a oportunidade da mensagem. Falaremos mais sobre isso no capítulo 10.

Até mesmo as comunicações diárias mais simples (mensagens de texto, e-mails de trabalho, tópicos do Slack) são mais eficazes se você as escrever tendo em mente a perspectiva do destinatário.

Regra 2. Destaque quais leitores devem se importar ("Por que eu?")

É difícil prever com precisão quais ideias interessarão aos leitores; portanto, outra estratégia útil é direcionar sua mensagem ressaltando quais leitores devem se importar. Se uma mensagem parecer genérica e impessoal, quem a recebe pode presumir que não é relevante e ignorá-la. Nesse caso, os leitores específicos para os quais a mensagem é relevante podem perder informações valiosas.

Ser explícito sobre o público-alvo é pertinente sobretudo em comunicações de massa que são difíceis de direcionar a populações específicas. Se a prefeitura precisar notificar os moradores para avisá-los que uma biblioteca local será fechada para obras, isso será relevante apenas para as pessoas que usam essa biblioteca em particular, mas as autoridades municipais não sabem de fato quem são essas pessoas. Nesses casos, destacar para quais leitores uma mensagem é relevante pode ajudar a economizar o tempo dos leitores e aumentar a chance de a informação chegar a quem precisa dela.

Pense no que acontece quando um item alimentício, como a sopa xyz, precisa ser recolhido por questões de segurança. Os mercados que venderam a sopa recolhida não têm uma lista de todo mundo que a comprou, mas *têm* sites, listas de *mailing* e lojas físicas onde podem postar avisos. Então, eles se deparam com a questão de como garantir que os destinatários corretos notem e se importem com a mensagem.

Ao redigir o aviso de *recall*, as lojas poderiam intitulá-lo com base em seu objetivo, alertando os compradores de que um *recall* foi emitido

> **Perspectiva do escritor.** Aviso: *Informações importantes sobre recall de segurança de produto*

A *Perspectiva do escritor* poderia ser relevante para todos, mas é tão genérica que prevemos que não atingiria quase ninguém. Em vez disso, um título com a *Perspectiva do leitor* enfatizaria para quais leitores a mensagem é relevante.

> **Perspectiva do leitor.** *Aviso: Se você comprou a sopa* xyz *em junho, saiba que ela está em recall.*

Ao adaptar o título para os leitores que devem se importar com a mensagem, o título com a *Perspectiva do leitor* provavelmente aumenta o número de leitores relevantes que se envolvem com ela. Também ajuda aqueles para os quais a mensagem é irrelevante a ignorá-la, tornando-a mais eficaz e mais gentil com os leitores apressados.

Nas comunicações pessoais e comerciais cotidianas, geralmente há apenas uma pessoa do outro lado. No entanto, todos nós nos deparamos com os mesmos problemas de segmentação assim que a mensagem se expande para um chat em grupo, uma lista de e-mails do escritório, um canal do Slack amplamente lido e assim por diante. Nesse caso, há outro atalho simples a ser aplicado: "Por que eu?". Imagine o destinatário olhando para a mensagem e perguntando: "Por que eu? Por que eu recebi essa mensagem?".

Provavelmente, você já passou pela experiência de receber um e--mail em massa sobre uma excursão de uma empresa com a qual você não se importa ou notificações sobre as aventuras de férias de um conhecido distante. Se as mensagens foram claras quanto ao público-alvo, você com certeza as ignorou e continuou sua rotina. No entanto, se perdeu seu tempo lendo algo irrelevante, pode ter se sentido irritado e até mesmo enganado. Para escrever de forma eficaz, traga essa perspectiva para sua escrita; seja claro a respeito de quem você espera que se importe e saiba por que essa pessoa deve se importar. Esse direcionamento tornará suas mensagens mais pessoais para os leitores que você está tentando alcançar e menos incômodas para aqueles que não está.

9

Sexto princípio:
facilite a resposta

Às vezes, o principal objetivo de nossa escrita é compartilhar ideias e garantir que elas sejam compreendidas pelo leitor. Esse tipo de escrita é apresentado em uma ampla variedade de formas e em diversas categorias de objetivos. Seu objetivo pode ser, por exemplo, garantir que outros pais da escola sejam avisados sobre uma reunião de pais e mestres no fim da semana ou falar aos colegas de trabalho sobre os sucessos e desafios recentes em seu departamento. Talvez você queira compartilhar notícias da família ou garantir que seus vizinhos saibam sobre uma nova política que afeta seu bairro. Ensaios, artigos e até livros inteiros podem se enquadrar nessa categoria. Independentemente da escala, o objetivo final é *informativo* em sua essência: você quer que o leitor preste atenção e se envolva com o que você está dizendo.

Entretanto, muitos tipos de mensagens comuns são orientados para a resposta. Além de desejar que os leitores leiam e entendam a mensagem, você também quer que eles realizem uma *ação* concreta. Então, neste ponto, também, o escopo do objetivo pode variar muito. Em geral, sua meta é que o destinatário faça algo específico e focado, como agendar uma reunião, responder a uma solicitação, candidatar-se a um programa, inscrever-se em um boletim informativo ou em uma conferência on-line, frequentar a escola com mais assiduidade ou preencher um formulário on-line. Entretanto, às vezes, seus objetivos podem abranger o desejo de inspirar os leitores a doar dinheiro, a se voluntariar para uma causa com a qual você se importa ou a fazer campanha para um candidato em uma eleição futura.

Para mensagens voltadas para a ação, você precisa que os destinatários leiam e entendam, mas isso não é suficiente. Mesmo que os leitores entendam sua solicitação e se envolvam com ela o suficiente para querer atendê-la, eles podem deixar de fazê-lo se a ação for muito difícil ou demorada. Os limites fundamentais de tempo e atenção significam que muitos leitores apressados decidirão que agir agora é caro demais. Eles adiarão a ação e, nesse caso, provavelmente se esquecerão de voltar ou poderão decidir até não agir. Este capítulo se concentra em como aumentar a probabilidade de os leitores realizarem as ações que solicitamos.

TL;DR: Torne a solicitação o mais fácil possível de ser atendida.

As regras da escrita fácil de ser respondida

Regra 1. Simplifique as etapas necessárias para agir

Uma das maneiras mais eficientes de aumentar a probabilidade de as pessoas agirem é fazer com que a ação aconteça sem nenhum esforço da parte delas. Ou seja, você pode definir uma ação-padrão que ocorrerá automaticamente se elas não fizerem nada. Por exemplo, muitos serviços públicos e bancos enviam contas em papel para seus clientes todos os meses. O papel é o padrão. Os clientes o "escolherão" de forma passiva se não se preocuparem em tomar uma decisão. Eles também podem optar de forma ativa por mudar para o faturamento sem papel (eletrônico).

Um exemplo importante do poder dos padrões está no contexto da poupança para aposentadoria. Muitos empregadores nos Estados Unidos oferecem aos funcionários assalariados em tempo integral várias opções de planos de aposentadoria. Os processos de inscrição padrão exigem que os funcionários *optem por participar*: eles recebem informações sobre os planos de aposentadoria e, em seguida, precisam tomar decisões deliberadas para se inscrever. No entanto, estudos constatam de forma consistente que a inscrição automática dos trabalhadores em um plano, com a opção de *optar de modo ativo por não participar*, aumenta de maneira drástica as taxas de participação.[1] As mensagens com opção de não participação também têm sido eficazes no incentivo a muitos outros comportamentos, incluindo a adesão a um registro de doadores de órgãos,[2] a vacinação contra a gripe[3] e a inscrição em programas de empresas de eletricidade que usam apenas energia renovável.[4]

Quando não é possível alterar o padrão, apenas simplificar o processo de ação pode aumentar de forma drástica a probabilidade de os leitores agirem. Uma das maneiras mais fáceis de simplificar o processo é reduzir o número de etapas necessárias. Em um estudo, trabalhamos com as escolas públicas do distrito de Columbia, em Washington, D.C., a fim de implementar um programa de atualização por mensagem de texto para os pais de 6.976 alunos dos ensinos fundamental e médio.[5] O programa enviava aos pais atualizações semanais automati-

---

1. Brigitte C. Madrian e Dennis F. Shea, "The power of suggestion: Inertia in 401(k) participation and savings behavior", *Quarterly Journal of Economics*, vol. 116, n. 4, 2001, pp. 1149-1187.
2. Eric J. Johnson e Daniel G. Goldstein, "Defaults and donation decisions", *Transplantation*, vol. 78, n. 1, 2004, pp. 1713-1716.
3. Gretchen B. Chapman, Meng Li, Helen Colby e Haewon Yoon, "Opting in vs opting out of influenza vaccination", *JAMA*, vol. 304, n. 1, 2010, pp. 43-44.
4. Felix Ebeling e Sebastian Lotz, "Domestic uptake of green energy promoted by opt-out tariffs", *Nature Climate Change*, vol. 5, n. 9, 2015, pp. 868-871.
5. Peter Bergman, Jessica Lasky-Fink e Todd Rogers, "Simplification and defaults affect adoption and impact of technology, but decision makers do not realize it", *Organizational Behavior and Human Decision Processes*, vol. 158, 2020, pp. 66-79.

zadas informando-os quando o filho faltava à aula, não entregava uma tarefa ou tinha uma média baixa no curso.

Para receber as atualizações, os pais precisavam se inscrever no programa. Primeiro, todos receberam uma mensagem informando que o distrito escolar estava implantando esse novo programa. Em seguida, recebiam um convite para se inscrever. No entanto, pais ocupados geralmente não dão continuidade a esses convites. Portanto, começamos a testar maneiras de facilitar a inscrição no programa e monitoramos como as diferentes abordagens afetavam a inscrição.

O primeiro grupo de pais recebeu uma mensagem de texto que os convidava a se inscrever por meio de um login no portal dos pais do distrito escolar para fazer a ativação do serviço. Na época, essa era a prática-padrão para convidar os pais a se inscrever. Menos de 1% dos contatados dessa forma se inscreveram. Um grupo diferente recebeu uma mensagem de texto que os convocava a se inscrever, bastando responder "INICIAR" à própria mensagem, sem a necessidade de fazer login on-line. Nesse caso, 11% dos pais se inscreveram. Por fim, um terceiro grupo foi informado por mensagem de texto que havia sido inscrito automaticamente no programa (ou seja, fizemos com que a inscrição no serviço fosse a opção-padrão), mas que poderia cancelar a inscrição a qualquer momento respondendo "SAIR". Nesse grupo, 95% dos pais permaneceram inscritos. E o serviço melhorou o sucesso acadêmico dos alunos; quando os pais foram designados para o grupo de exclusão, as notas dos estudantes aumentaram e o número de disciplinas em que eles eram reprovados diminuiu.

Mais uma vez, a alteração da opção-padrão provou ser o método mais eficaz para fazer com que os pais se inscrevessem para receber atualizações semanais. No entanto, o simples fato de permitir que os pais se inscrevessem por meio de uma única mensagem de texto, em vez de exigir que passassem por um processo de inscrição on-line isolado, aumentou a inscrição em mais de dez vezes, de 1% para 11%.

Como escritores, muitas vezes, não controlamos as etapas que solicitamos que as pessoas cumpram. Grandes decisões, como alterar o processo de inscrição para atualizações por mensagem (e também para definir o padrão para doações de órgãos ou planos de aposentadoria corporativos!), muitas vezes estão além de nosso alcance. Contudo, há muitas pequenas coisas que podemos fazer nas mensagens que enviamos para facilitar a vida dos leitores, reduzindo o número de etapas necessárias para que eles ajam. Veja o agendamento de reuniões, por exemplo. Em um esforço para sermos educados, muitos de nós tendem a fazer perguntas abertas como esta:

Quer conversar na próxima semana?

Esse tipo de solicitação flexível pode se transformar com facilidade em uma série de e-mails de ida e volta com o objetivo de encontrar um horário mutuamente aceitável para a reunião. Uma alternativa mais eficaz é sugerir um período, um dia e um horário para a reunião, organizados de uma forma que seja fácil de entender e responder, por exemplo:

Vamos nos reunir por 30 minutos na semana que vem? Se aceitar, que tal um destes horários (todos no horário da costa leste)?
- *Terça-feira (13/3) às 10h30.*
- *Quarta-feira (14/3) às 12h.*
- *Quinta-feira (15/03) às 15h.*

Repare como essa mensagem também faz uso de algumas de nossas regras anteriores sobre clareza para evitar dúvidas e confusões comuns de agendamento. Você quer dizer esta semana ou na próxima? (Na semana que vem, conforme indicado pelas datas.) Os horários propostos são no meu fuso horário ou no seu fuso horário? (Está claramente indicado que todos os horários se baseiam no horário da costa leste.) Essa mensagem evita que todas as pessoas envolvidas enviem e recebam e-mails adicionais e desnecessários. Ela também aumenta a chance de uma reunião ser agendada.

Um estudo realizado pelo escritório do vice-reitor de uma grande universidade dos Estados Unidos levou esse processo um passo adiante, oferecendo aos leitores a opção de agendar diretamente pelo Calendly, um aplicativo de agendamento de compromissos que se integra a calendários on-line. Em um teste, 115 líderes de ex-alunos da universidade receberam um e-mail solicitando uma reunião. Depois de uma breve introdução que fornecia o contexto para a solicitação da reunião, o e-mail terminava com uma das duas perguntas apresentadas a seguir.

> **Padrão.** *Em um horário que seja compatível com sua agenda, você teria disponibilidade para uma breve reunião via Zoom ou por telefone? Avise-me se tiver alguma dúvida, e eu aguardo seu contato para coordenar nossa reunião.*
>
> **Mais fácil.** *Em um horário que seja compatível com sua agenda, você teria disponibilidade para uma breve reunião via Zoom ou por telefone? Para sua conveniência, estou incluindo um link direto para o meu calendário, onde você pode selecionar o horário que for melhor para você.*

A solicitação *Mais fácil* oferecia aos leitores a opção de se inscrever direto em um horário de reunião disponível, enquanto a solicitação *Padrão* exigia que os leitores respondessem informando sua disponibilidade. O escritório conseguiu marcar reuniões com 33% das pessoas que receberam a solicitação *Mais fácil*, em comparação com apenas 17% das pessoas que receberam a solicitação *Padrão*. Entretanto, devemos fazer uma observação: algumas pessoas nos disseram que se sentem insultadas quando alguém lhes envia um link de calendário digital para agendar uma reunião, sobretudo se a outra pessoa é quem está solicitando a reunião. Embora essa estratégia tenha sido eficaz na universidade em que foi testada, pode parecer excessivamente intrusiva em outros contextos.

Você também precisa estar atento ao contexto ao aplicar essa estratégia a outros tipos de comunicação. Se estiver pedindo um favor a um colega de trabalho, por exemplo, não convém formular a frase de modo que pareça que você o esteja forçando a dizer sim. Se estiver propondo um encontro com um amigo, seria bom ser mais específico do que "Quer me encontrar na semana que vem?". Mas soaria bastante presunçoso dizer: "Vamos nos encontrar às 18h30 de terça-feira no Restaurante ABC. Vejo você lá, a não ser que você não queira ir!".

Como em todas as outras regras, a regra da escrita fácil de responder exige a compreensão dos leitores e do contexto deles.

Regra 2. Organize as principais informações necessárias para a ação

Outra maneira de aumentar a probabilidade de os leitores agirem é facilitar o acesso a todas as informações necessárias para realizar essa ação. Se possível, inclua todos os detalhes essenciais direto na mensagem, usando as regras de clareza e design para torná-los prontamente perceptíveis para um leitor apressado. Para ilustrar, considere um tipo muito comum de comunicação pessoal e comercial: uma série de trocas de e-mails que se desdobram em várias mensagens. Ao responder a uma longa cadeia de vários e-mails, quem escreve, em geral, faz referência a e-mails anteriores em vez de resumir toda a troca. O resultado são mensagens como esta:

Veja a mensagem abaixo, enviada em 3 de abril, e me diga o que você acha.

Fazer referência a e-mails anteriores pode economizar o tempo de quem escreve, mas essa abordagem geralmente acaba exigindo mais tempo e mais esforço de quem lê. No exemplo anterior, isso o força a pesquisar na cadeia de e-mails (possivelmente uma longa série de mensagens agrupadas) para encontrar a mensagem enviada em 3 de abril. Se o autor tivesse apenas reafirmado as informações pertinentes da mensagem de 3 de abril, a resposta seria mais rápida e mais fácil para o leitor.

Às vezes, o fornecimento das informações necessárias envolve a agregação e a redução de informações que já estão disponíveis em outro lugar. Em 2006, o presidente George W. Bush assinou uma legislação que oferecia benefícios de medicamentos controlados para pessoas que usavam o programa Medicare. Os beneficiários receberam dezenas de planos possíveis para escolher. Os formuladores de políticas acharam que mais opções era melhor do que menos opções. Eles argumentaram que, como a escolha dos planos de benefícios era economicamente importante, os cidadãos deveriam deliberar e selecionar o melhor plano para si. Para ajudar os beneficiários a fazer uma escolha informada, os formuladores de políticas criaram até um site que gerava informações de custo personalizadas e enviaram aos beneficiários cartas impressas que incluíam o link de 84 caracteres para o site. Dessa forma, todos os beneficiários poderiam acessar a internet, pesquisar minuciosamente cada opção de plano e escolher o que melhor atendesse as suas necessidades. Eles só precisavam digitar o link e navegar pelo site.

Os pesquisadores do governo reconheceram que navegar pelo site de benefícios de medicamentos para conhecer todos os diferentes planos exigia muito tempo e esforço. Eles se perguntaram se a organização das principais informações de uma forma mais simples melhoraria a capacidade das pessoas de escolher o melhor plano para elas. Como teste, os pesquisadores enviaram a 5.873 beneficiários do Medicare uma de duas cartas. Metade recebeu a carta original que os encaminhava ao site do Medicare (com o link explicitado), junto com um folheto sobre como usar o site. A outra metade recebeu uma carta simplificada com as informações que eles teriam encontrado no site: informações personalizadas sobre seu plano atual, uma comparação com o plano de menor custo, um plano recomendado e detalhes sobre quanto dinheiro o beneficiário poderia economizar ao trocar de plano. Embora as mesmas informações estivessem disponíveis de forma gratuita no site, fornecê-las diretamente na carta — em vez de pedir aos destinatários que acessassem a internet — quase dobrou o número de pessoas que trocaram de plano, passando de 17% para 28%. A carta simplificada resultou em uma economia significativa. Se todos os participantes do estudo tivessem recebido apenas a carta simplificada, teriam economizado em média 100 dólares *por ano* em medicamentos.[6]

Fornecer aos leitores apressados informações simplificadas e bem organizadas também pode reduzir o número de etapas necessárias para agir. Os órgãos governamentais incentivam cada vez mais as pessoas a usar ferramentas on-line para tarefas como matrícula em escolas, declaração de impostos e pedidos de imigração. Essas comunicações geralmente começam dizendo ao leitor algo do tipo:

> *Você sabia que pode preencher seus formulários de imigração on-line em [site do governo]?*

Embora seja útil fornecer o link, os leitores encontram uma barreira assim que carregam o site. Para começar, precisam digitar seu nome de usuário, algo que as pessoas frequentemente esquecem ou perdem. A mensagem seria ainda mais útil se os leitores também recebessem o nome de usuário necessário para acessar o site, desta forma:

> *Você sabia que pode preencher seus formulários de imigração on-line em [site do governo]?*

> *Seu nome de usuário é [nome] e você pode fazer o login em [site].*

---

6. Jeffrey R. Kling, Sendhil Mullainathan, Eldar Shafir, Lee C. Vermeulen e Marian V. Wrobel, "Comparison friction: Experimental evidence from Medicare drug plans", *Quarterly Journal of Economics*, vol. 127, n. 1, 2012, pp. 199-235.

Esse tipo de personalização nem sempre é viável por causa de restrições logísticas e de privacidade. No entanto, quando é possível, pode aumentar a probabilidade de os leitores realizarem a ação solicitada. A personalização também pode economizar o tempo e o dinheiro do remetente se reduzir o volume de e-mails e chamadas telefônicas que ele tem de atender solicitando esses detalhes.

De uma forma menos polêmica, quase todos os escritores poderiam ser mais conscientes ao agregar informações e apresentar detalhes úteis aos seus destinatários, em vez de obrigá-los a vasculhar cadeias de e-mails, mensagens de texto anteriores ou documentos antigos que podem ter sido arquivados ou descartados. Como escritor eficaz, parte do seu trabalho é garantir que os leitores tenham todas as informações necessárias em um local acessível. Se os leitores tiverem que buscar as informações necessárias para agir, é mais provável que adiem e acabem esquecendo completamente a solicitação.

Regra 3. Minimize a quantidade de atenção necessária

Os limites do sistema de atenção em nosso cérebro dificultam o acompanhamento de tarefas que exigem muito foco, sobretudo quando estamos ocupados. Portanto, minimizar a quantidade de atenção concentrada necessária para agir é outra maneira eficaz de aumentar a probabilidade de os leitores atenderem às solicitações. Isso pode ser feito de várias maneiras, inclusive limitando as escolhas oferecidas, restringindo as opções de resposta e delineando claramente os processos de resposta.

Os escritores costumam oferecer opções demais aos leitores. Oferecer muitas opções pode parecer gentil e atencioso, mas o que isso de fato faz é impor um "encargo de atenção" não intencional ao destinatário. Estudos confirmam que, quando temos opções demais, em geral, adiamos a decisão para mais tarde (ou nunca) porque é difícil escolher no momento.[7] Limitar o número de opções torna a escolha mais fácil e menos cansativa. O presidente Obama expressou bem essa estratégia quando disse a um entrevistador: "Você pode ver que eu só uso ternos cinza ou azuis. Estou tentando reduzir as decisões. Não quero tomar decisões sobre o que comer ou vestir porque tenho muitas outras decisões a tomar!".[8]

Minimizar a quantidade de atenção necessária para agir pode ter consequências pragmáticas importantes. Voltando ao nosso exemplo anterior de poupança para aposentadoria: os funcionários a quem são oferecidos planos de poupança para aposentadoria precisam tomar decisões demais antes de se inscreverem. Eles precisam decidir com que quantidade de dinheiro querem contribuir para o plano, por exemplo, e depois devem escolher como alocar suas economias entre os fundos e ativos disponíveis: renda fixa, fundos de ações, fundos de crescimento e assim por diante. Essas decisões complicadas e demoradas podem dissuadir muitas pessoas de se inscrever nos planos, mesmo que, em geral, elas prefiram fazê-lo.

Um estudo realizado em uma grande empresa de serviços de saúde investigou se a simplificação desse processo de tomada de decisão poderia aumentar as taxas de inscrição em planos de aposentadoria. Trabalhando com duas empresas diferentes, uma equipe de pesquisa testou o impacto de oferecer aos funcionários a opção de se inscrever em um plano de poupança para aposentadoria cujos atributos eram pré-selecionados pelo empregador, incluindo uma taxa de contribui-

---

7. Amos Tversky e Eldar Shafir, "Choice under conflict: The dynamics of deferred decision", *Psychological Science*, vol. 3, n. 6, 1992, pp. 358-361; Sheena S. Iyengar e Mark R. Lepper, "When choice is demotivating: Can one desire too much of a good thing?", *Journal of Personality and Social Psychology*, vol. 79, n. 6, 2000, p. 995; Alexander Chernev, Ulf Böckenholt e Joseph Goodman, "Choice overload: A conceptual review and meta-analysis", *Journal of Consumer Psychology*, vol. 25, n. 2, 2015, pp. 333-358; Barry Schwartz, *The Paradox of Choice: Why More Is Less*. Nova York: Ecco, 2004.
8. Michael Lewis, "Obama's way", *Vanity Fair*, 11 set. 2012, https://www.vanityfair.com/news/2012/10/michael-lewis-profile-barack-obama.

ção e alocação de ativos predefinidas. Os pesquisadores compararam essa alternativa com o processo-padrão, que exigia que os funcionários fizessem uma escolha ativa entre todas as opções disponíveis se quisessem se inscrever. Oferecer aos funcionários a opção de um plano pré-selecionado aumentou as taxas de inscrição entre 10 e 20 pontos percentuais.[9] Reduzir a quantidade de atenção necessária levou diretamente a taxas de participação mais altas.

Uma abordagem relacionada à minimização da quantidade de atenção concentrada necessária é limitar o que está sendo solicitado ao leitor. Essa técnica se aplica a muitos ambientes familiares. Considere as seguintes perguntas, bastante típicas do local de trabalho:

> **Ampla.** *Como foi a reunião de ontem da equipe sênior?*
> **Restrita.** *Na reunião de ontem da equipe sênior, decidimos se vamos apresentar uma proposta para o projeto?*

Qual dessas perguntas seria mais fácil de responder? A natureza aberta da pergunta *Ampla* faz com que ela consuma mais tempo para ser respondida. Diante de uma pergunta *Ampla*, o leitor precisa sintetizar seus pensamentos sobre toda a reunião e resumi-los em uma mensagem. Enquanto isso, a pergunta *Restrita* concentra o leitor em uma dimensão específica da reunião: se a equipe decidiu apresentar uma proposta. A pergunta *Restrita* pode ser respondida com uma resposta simples e pouco exigente do tipo sim/não. Observe que, nesse caso, a mensagem mais curta não é a mais fácil para o leitor; ela pode ser mais curta, mas também é mais aberta. Se tudo o mais for igual, o escritor poderá obter um *feedback* mais proveitoso com a pergunta *Ampla*, mas somente se o leitor responder, o que é menos provável, dada a atenção que ela exige.

---

9. John Beshears, James J. Choi, David Laibson e Brigitte C. Madrian, "Simplification and saving", *Journal of Economic Behavior & Organization*, vol. 95, 2013, pp. 130-145.

Softwares de produtividade podem ajudar os escritores a inserir esses tipos de perguntas direcionadas em e-mails, convertendo-as em minienquetes que permitem apenas algumas opções de resposta predefinidas. Essa restrição pode disciplinar os escritores e levá--los a limitar suas perguntas e também facilitar para os leitores a resposta rápida e fácil. No entanto, com a prática, os escritores também podem se treinar para manter suas solicitações de ação limitadas e focadas.

As mensagens que exigem atenção mais concentrada não apenas desperdiçam o tempo do leitor como também podem causar mal-entendidos e erros, o que pode gerar implicações enormes. A confusão causada pelas famosas "cédulas borboleta" no condado de Palm Beach, na Flórida, mudou inclusive o resultado da eleição presidencial de 2000 nos Estados Unidos.[10]

Se os eleitores examinassem com cuidado essa cédula, entenderiam que era necessário seguir a seta associada ao nome do candidato de sua preferência até o ponto preto entre as páginas da esquerda e da direita e fazer um furo para votar. No entanto, eleitores ocupados ou distraídos poderiam facilmente entender isso de forma errônea. Ao ler a página da esquerda primeiro, eles veriam os dois principais candidatos do partido listados em primeiro e segundo lugar — respectivamente, George W. Bush e Al Gore. Se passassem os olhos rápido, poderiam concluir que fazer o primeiro furo entre as páginas indicaria um voto em Bush (correto) e que fazer o segundo furo indicaria um voto em Gore (incorreto). Em vez disso, fazer o segundo furo indicava um voto em Pat Buchanan, do Partido Reformista.

---

10. Jimmy Stamp, "Redesigning the vote", *Smithsonian*, 6 nov. 2012, https://www.smithsonianmag.com/arts-culture/redesigning-the-vote-111423836/.

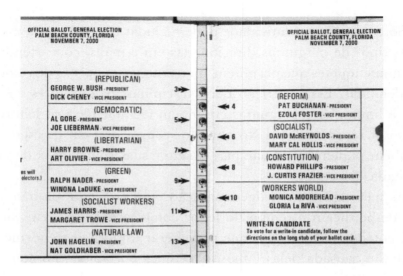

As análises sugerem que essa cédula borboleta fez com que mais de 2 mil pessoas que pretendiam votar em Gore votassem erroneamente em Buchanan. Gore perdeu na Flórida por um total de 537 votos, menos do que o número de votos que eram destinados a ele e foram erroneamente depositados em outra pessoa. O resultado na Flórida, por sua vez, decidiu toda a eleição presidencial e colocou Bush na Casa Branca.[11] Não é hipérbole dizer que o resultado da eleição presidencial de 2000 nos Estados Unidos teria sido diferente se a cédula do condado de Palm Beach tivesse sido escrita de modo a reduzir a quantidade de atenção concentrada exigida dos leitores.

Uma última maneira de minimizar a atenção exigida de seus leitores é delinear de maneira clara e simples as etapas ou o processo necessário para agir. Assim como os leitores podem ser dissuadidos de agir se tiverem de procurar as informações necessárias sobre o que

---

11. Jonathan N. Wand, Kenneth W. Shotts, Jasjeet S. Sekhon, Walter R. Mebane Jr., Michael C. Herron e Henry E. Brady, "The butterfly did it: The aberrant vote for Buchanan in Palm Beach County, Florida", *American Political Science Review*, vol. 95, n. 4, 2001, pp. 793-810; ver também Craig R. Fox e Sim B. Sitkin, "Bridging the divide between behavioral science and policy", *Behavioral Science & Policy*, vol. 1, n. 1, 2015, pp. 1-12.

fazer, os leitores também podem ser dissuadidos se não entenderem as etapas necessárias — *como fazer.*

Em um estudo, os pesquisadores trabalharam com o Internal Revenue Service (IRS), a Receita Federal dos Estados Unidos, para testar diferentes estilos de comunicação sobre o crédito de imposto de renda da Califórnia, abreviado em inglês como EITC [de *earned tax income credit*].[12] O EITC é um crédito fiscal para trabalhadores elegíveis de renda baixa e moderada. Ele pode reduzir de forma substancial o valor dos impostos devidos ou aumentar o valor da restituição que recebem a cada ano. No entanto, para receber o EITC, os trabalhadores qualificados devem declarar seu imposto *e* solicitar o crédito a cada ano. Em um ano normal, cerca de 20% das pessoas qualificadas para o EITC não o solicitam.[13]

Pesquisadores testaram duas versões de uma notificação por escrito informando às pessoas de baixa renda que elas podem estar qualificadas para o EITC. A versão *simplificada* empregava muitos dos princípios deste livro e, o que é mais importante, incluía uma explicação clara das etapas de ação que estavam sendo solicitadas ao leitor. Vejamos:

O QUE VOCÊ PRECISA FAZER:
Preencher a planilha de Crédito de Renda Aferida na página 3.

Se a planilha confirmar que você é elegível para o crédito
Assine e coloque a data na planilha anexa e envie-a para nós no envelope anexo.

Se a planilha indicar que você não se qualifica para o crédito
Não devolva a planilha para nós.

---

12. Saurabh Bhargava e Dayanand Manoli, "Psychological frictions and the incomplete take-up of social benefits: Evidence from an IRS field experiment", *American Economic Review*, vol. 105, n. 11, 2015, pp. 3489-3529.

13. "EITC Participation Rate by States Tax Years 2012 through 2019", https://www.eitc.irs. gov/eitc-central/participation-rate-by-state/eitc-participation-rate-by-states.

Por outro lado, a versão *original complexa* incluía uma lista de seis pontos que oferecia instruções para o preenchimento de uma planilha anexa e uma nota de rodapé que instruía: *"Observação: devolva-nos a planilha* [EITC] somente *se você determinar que está qualificado para o* [EITC]".[14] A notificação mais complexa gerava uma taxa de resposta substancialmente menor (27%) do que a notificação simples.

Como em todas as regras que descrevemos, essa abordagem também exige um equilíbrio. Observe que pedimos que o processo seja descrito de forma clara e *simples*. Se a explicação for excessivamente complexa ou complicada, ela poderá, na verdade, dissuadir os leitores de agir. No mesmo estudo do EITC, os pesquisadores documentaram esse efeito. Eles testaram duas variantes da planilha de elegibilidade: uma versão que incluía dois critérios primários de elegibilidade e outra que listava sete. A planilha mais complexa continha mais detalhes relevantes, mas reduziu a resposta em 17%.

A simplificação do processo de solicitação do crédito de imposto de renda ganho faz uma grande diferença na qualidade de vida das pessoas de baixa renda. No caso da votação de 2000, o fato de não focar a facilidade de resposta alterou o resultado de uma eleição. É provável que a maioria dos leitores deste livro não se encontre em situações em que a democracia esteja em jogo com base na eficácia de sua escrita. Contudo, os princípios e as regras de escrita eficaz capazes de estimular o leitor a agir são úteis e podem até mudar sua vida em todo tipo de situação.

---

14. As cartas no estudo chamavam esse crédito de *"Earned Income Credit"* ou de EIC.

PARTE III

Colocando os princípios para funcionar

10

Ferramentas, dicas e perguntas frequentes

Os seis princípios descritos neste livro são diretrizes abrangentes. Eles estabelecem o *"o quê"* da escrita eficaz — as técnicas fundamentais de que você precisa para se comunicar de modo efetivo com leitores apressados. No entanto, nenhum de nós se comunica em um vácuo. Há uma infinidade de fatores complicadores que interferem no momento em que enviamos nossas mensagens para o mundo. Essa realidade requer um conjunto de métodos práticos para lidar com o *"como"* da escrita eficaz — as ferramentas e táticas que o ajudarão a colocar os seis princípios em prática.

Como professores, pesquisadores, consultores e palestrantes, recebemos perguntas sobre *como* escrever de forma eficaz o tempo todo. Por exemplo, as pessoas perguntam: devemos cortar todo o conteúdo irrelevante no esforço de tornar uma mensagem o mais concisa possível ou devemos começar com uma frase introdutória "gratuita" e calorosa para atrair o leitor? É melhor enviar uma mensagem com três solicitações ou três mensagens com uma solicitação cada uma? Como escolho o modo correto de enviar uma mensagem? Como otimizar o tempo? Como posso transmitir a urgência de uma mensagem sem parecer insistente ou vago demais? Como posso adaptar meu tom de modo a equilibrar os elementos centrais de uma escrita eficaz com as especificidades da minha voz pessoal e do meu público distinto?

Não há respostas universais simples para esses tipos de pergunta, pois cada situação é diferente. No final das contas, cabe a você conhecer seus leitores e tomar decisões sobre como escrever para eles. Conscientes disso, oferecemos *insights* para ajudá-lo, como um escritor eficaz, a tomar a melhor decisão para o seu contexto específico. Estruturamos este capítulo com base nas perguntas mais comuns que encontramos como educadores, palestrantes e escritores. Pense nisso como a seção Perguntas Frequentes do livro: é uma base de conhecimento para escritores eficazes que buscam refinar e adaptar suas habilidades.

E se eu tiver muito a dizer?

Para os comunicadores práticos, escrever menos, muitas vezes, pode parecer um desafio impossível. Como podemos dizer tudo o que desejamos e, ao mesmo tempo, ser concisos? O que é longo demais? É difícil encontrar o equilíbrio perfeito, mas duas coisas podem ajudar.

Primeiro, *edite para fins de concisão*. É difícil escrever de forma concisa na primeira tentativa. Depois de escrever um rascunho inicial, faça uma pausa por um instante e, em seguida, faça outra revisão, procurando com atenção qualquer coisa que possa ser dita em menos palavras. Atualmente, você pode usar um software para ajudá-lo. Aplicativos como o Grammarly, para o inglês, e as versões mais recentes do Microsoft Word podem destacar frases e expressões que poderiam ser mais concisas. Se ainda tiver dificuldade para cortar suas próprias palavras, talvez seja mais fácil escrever um segundo rascunho totalmente novo e mais conciso do zero, em vez de gastar tempo editando o primeiro. Seja como for, editar para fins de concisão é uma parte importante do processo prático de escrita.

Em segundo lugar, *olhe bem com frieza para o que é realmente necessário incluir em sua mensagem*. Tudo nela é essencial para seu objetivo como escritor? Alguma coisa pode ser deixada para uma comunicação posterior? Se todas as informações de sua mensagem forem igualmente importantes de ser comunicadas no momento, há uma questão à parte de como lidar com comunicações com várias finalidades. Discutiremos isso daqui a pouco. No entanto, na maioria das vezes, nossos primeiros rascunhos sofrem de "desvio de missão", algo em que o propósito muda e se amplia além do objetivo inicial da escrita. Se sua escrita parecer pesada, volte a se concentrar nos objetivos primários originais ou até mesmo reconsidere se esses objetivos já eram amplos e ambiciosos demais.

Em última análise, os escritores devem equilibrar seu desejo de comunicar tudo o que for relevante com a compreensão de que, quanto mais acrescentarem, menos os leitores lerão. Pode ser uma troca aceitável em alguns casos, sobretudo quando o objetivo principal não é alcançar mais leitores. Quem redige termos e condições legais está menos preocupado em maximizar a leitura do que em atender aos requisitos de divulgação. Para esses redatores, a completude pode superar a concisão, e a conformidade legal pode superar a facilidade de leitura.

Uma estratégia que usamos com frequência em nosso trabalho é colocar conteúdo valioso, mas não crítico, em um anexo, num apêndice, num link ou abaixo da linha de assinatura de uma mensagem. Fazemos referência ao conteúdo adicional na escrita principal, mas o colocamos fora do texto principal para que ele não desvie a atenção da mensagem. Essa abordagem pode ajudar a unir o desejo do escritor por mais informações com a necessidade do leitor por menos.

Conclusão: de acordo com nosso primeiro princípio, os escritores devem procurar usar o menor número de palavras, ideias e solicitações necessárias para atingir seus objetivos, e nada menos que isso.

(Como) os princípios da escrita eficaz se aplicam à escrita em formato mais longo

Os princípios gerais da escrita eficaz se aplicam independentemente do escopo de sua escrita. Claro, se você estiver tentando escrever o próximo romance vencedor do Prêmio Pulitzer, esses princípios só o levarão até certo ponto. No entanto, a escrita de formato mais longo — sobretudo os estilos profissionais de escrita de formato longo, como ensaios, resumos de projetos, relatórios anuais e artigos de revisão — deve ser fácil de ler, navegar e entender, não importa seu tamanho.

De certa forma, tornar sua escrita fácil para o leitor é ainda mais importante em formatos mais longos do que nos mais curtos. Se o seu empregador espera que você escreva um *briefing* de vinte páginas, ele precisa ter vinte páginas! Todavia, ainda pode ser escrito usando palavras conhecidas, frases diretas, parágrafos concisos, formatação simplificada e um pequeno número de ideias bem formuladas.

Na escrita de textos longos, também é muito importante conhecer seus objetivos. Esse é um conselho do qual tivemos de nos lembrar várias vezes quando escrevemos este livro que você está lendo. Quanto mais longa a mensagem, mais desafiador pode ser manter o foco no motivo pelo qual se está escrevendo e no resultado que se espera alcançar. Manter seus objetivos de escrita claros e em mente pode ajudá-lo a decidir quais informações permanecem e quais ficam.

E se eu precisar comunicar várias informações igualmente importantes?

Mesmo em mensagens bastante curtas, os escritores às vezes precisam incluir várias informações importantes. Para citar um exemplo comum: tradicionalmente, as clínicas de saúde entram em contato com novos pacientes (1) para solicitar informações sobre o convênio, (2) para fornecer instruções de check-in e (3) para lembrá-los do horário da primeira consulta. Todas as três informações são igualmente essenciais para serem comunicadas agora; nenhuma pode ser retida para uma data posterior.

Nessa situação, quem escreve pode comunicar todas as informações em uma única mensagem ou enviar várias mensagens, cada uma com uma finalidade ou uma informação. Não há uma regra rígida sobre qual opção é melhor. Em uma de nossas pesquisas com profissionais ativos, 72% dos entrevistados disseram que preferem receber uma mensagem contendo três informações em vez de três mensagens separadas, cada uma com uma informação.[1]

No entanto, o contexto é importante. Diferentes públicos podem ter diferentes expectativas, apreciar variados estilos de leitura e ter preferências pessoais. As preferências dos leitores também não estão necessariamente alinhadas aos objetivos dos escritores. A maneira mais fácil de atender às necessidades das pessoas é perguntar diretamente o que elas querem. Da mesma forma que muitas empresas agora perguntam às pessoas se preferem receber informações por mensagem de texto ou e-mail em vez de impressas, os escritores também poderiam perguntar aos seus leitores se preferem receber solicitações agrupadas ou separadas. Contudo, nem sempre isso é possível; portanto, há algumas perguntas que recomendamos que os escritores façam a si mesmos para que aprendam a lidar com essa situação. Vejamos algumas delas a seguir.

Todas as informações estão relacionadas ao mesmo evento, ao mesmo comportamento ou à mesma ação solicitada?

Em caso afirmativo, pode fazer sentido combiná-las em uma única mensagem. É o que as clínicas de saúde costumam fazer. De modo

---

1. Pesquisa conduzida com estudantes num curso de educação executiva em fevereiro de 2021. N = 159.

geral, pode ser menos eficaz (e mais irritante) para um consultório médico enviar aos pacientes três e-mails separados — um solicitando informações sobre o convênio, outro com instruções de check-in e outro com detalhes da consulta — do que um único e-mail envolvendo todos esses assuntos. Todos os detalhes estão diretamente relacionados à mesma consulta médica futura, portanto, faz sentido tratá-los juntos. Contudo, se as variadas partes da sua mensagem não se encaixarem bem dessa forma, provavelmente será melhor comunicá-las em separado.

Se estiver solicitando que o leitor realize várias ações, é provável que todas sejam concluídas ao mesmo tempo? Algumas são mais difíceis ou demoradas que outras?

Imagine um familiar enviando um e-mail para perguntar a que horas o leitor espera chegar para o jantar de fim de ano da família... e para pedir sua opinião sobre presentes de fim de ano apropriados para outros familiares... e também para pedir ajuda para encontrar uma antiga receita de biscoito da família. A pergunta sobre o horário de chegada pode ser respondida rapidamente pelo telefone do leitor enquanto ele estiver no ônibus ou esperando na fila. A sugestão de presente pode exigir um pouco de reflexão. Entretanto, encontrar a receita de biscoito da família envolve uma busca mais séria.

Responder a várias solicitações em uma única mensagem pode ser difícil se elas exigirem diferentes quantidades de esforço. Alguns leitores podem responder rápido às solicitações mais fáceis e, em seguida, se esquecer das mais difíceis. Outros podem adiar a resposta até que consigam responder a tudo ao mesmo tempo, o que significa esperar até o momento em que tenham tempo para atender à solicitação mais difícil e se lembrar de fazê-lo. Muitas vezes, esse momento mágico de tempo livre abundante nunca chega de fato. Nesse caso, talvez seja melhor separar as solicitações fáceis das mais difíceis e comunicá-las em mensagens diferentes.

Como posso fazer com que os leitores se envolvam com mensagens que contêm muitas informações?

Independentemente do fato de várias informações estarem agrupadas ou separadas, a visualização do modo como as informações estão sendo entregues ajuda os leitores apressados. Uma mensagem que contém várias informações pode declarar isso explicitamente na parte superior. Por exemplo:

> *Incluí três pontos abaixo: (1) uma atualização sobre o status da reforma de sua casa, (2) uma solicitação de sua aprovação para novas luminárias e (3) uma solicitação para agendar um horário para conversarmos.*

Da mesma forma, se o autor dessa mensagem tivesse optado por dividir cada informação em uma mensagem separada, isso também poderia ter sido avisado:

> *Estou escrevendo para fornecer uma atualização sobre o status da reforma de sua casa. Em breve, enviarei uma mensagem adicional solicitando sua aprovação para as novas luminárias e agendando um horário para conversarmos.*

O uso de texto introdutório para informar aos leitores sobre o restante do texto é chamado de "sinalização". A sinalização não é o conteúdo principal que está sendo escrito, mas sim um roteiro para o restante da escrita. Embora, em geral, acrescente palavras, pode ser útil para facilitar a navegação de mensagens mais longas ou com várias informações.

Outra estratégia, como descrevemos, é colocar informações de baixa prioridade (mas ainda necessárias) em locais secundários.

Você pode incluir as informações, mas removê-las da mensagem principal usando frases como: "Veja o anexo para saber mais sobre esse assunto". Ou você pode separar as informações colocando-as em um link de apêndice ou colando-as no final da mensagem, abaixo da sua assinatura.

E se forem necessárias várias comunicações (lembretes, ações repetidas, várias etapas)?

Os escritores em geral precisam se comunicar com os mesmos leitores várias vezes. Em alguns momentos, precisam lembrar os leitores de um evento futuro, como uma consulta médica agendada, ou avisá-los de que devem realizar uma ação que não foi feita ainda, como responder a uma pesquisa. Em outras ocasiões, os escritores solicitam que os leitores realizem uma ação que já foi feita várias vezes no passado, como pagar as contas mensais do cartão de crédito ou declarar o imposto de renda anual.

Comunicar-se diversas vezes com o mesmo público é difícil; em parte, porque as pessoas podem ter reações divergentes a vários contatos. Alguns leitores podem se acostumar com mensagens repetidas, sobretudo se parecerem semelhantes. As pessoas podem se tornar insensíveis e começar a prestar menos atenção em cada mensagem subsequente. Por outro lado, algumas pesquisas sugerem que os leitores acham mais fácil processar informações que já viram antes e, na verdade, podem gostar mais das coisas quanto mais as veem. Nesse caso, as pessoas podem estar *mais* propensas a prestar atenção em mensagens subsequentes semelhantes.

Essas respostas contraditórias podem complicar a vida dos escritores. Mas há dois fatores principais que podem ajudar: a frequência e a consistência das comunicações repetidas. Prestar atenção nesses fatores o ajudará a encontrar um equilíbrio bom e eficaz.

Frequência. Quantas mensagens são demais? O envio de muitas mensagens pode fazer com que os leitores deixem de ouvir todas. Eles podem excluir ou ignorar todas as comunicações futuras de um remetente que envia mensagens demais. Também podem cancelar a assinatura de uma lista ou até mesmo bloquear determinados remetentes, se essa for uma opção. Portanto, você deve minimizar as comunicações não essenciais.

Ao mesmo tempo, ao reduzir demais o número de comunicações, você corre o risco de perder totalmente seus leitores. A repetição de mensagens é necessária porque as pessoas tendem a esquecer e procrastinar, sobretudo quando estão ocupadas. Por exemplo, pesquisadores descobriram que o envio de lembretes aos pacientes sobre as próximas consultas médicas pode reduzir o número de não comparecimentos.[2] Descobriu-se também que mensagens de lembrete regulares aumentam vários outros comportamentos, como economizar dinheiro[3] e pagar pensão alimentícia.[4]

Ao decidir a frequência correta das mensagens, os escritores precisam equilibrar esses benefícios dos lembretes oportunos com o risco de enviar tantas mensagens que os leitores as ignorem. Como parte de outro estudo de "incentivo ao voto", os pesquisadores enviaram aos eleitores registrados até dez mensagens incentivando-os a votar em uma eleição futura.[5] As cinco primeiras mensagens enviadas aumenta-

---

2. Sionnadh Mairi McLean, Andrew Booth, Melanie Gee, Sarah Salway, Mark Cobb, Sadiq Bhanbhro e Susan A. Nancarrow, "Appointment reminder systems are effective but not optimal: Results of a systematic review and evidence synthesis employing realist principles", *Patient Preference and Adherence*, vol. 10, n. 2016, pp. 479-499.

3. Dean Karlan, Margaret McConnell, Sendhil Mullainathan e Jonathan Zinman, "Getting to the top of mind: How reminders increase saving", *Management Science*, vol. 62, n. 12, 2016, pp. 3393-3411.

4. Peter Baird, Leigh Reardon, Dan Cullinan, Drew McDermott e Patrick Landers, "Reminders to pay: Using behavioral economics to increase child support payments", *OPRE Report*, vol. 20, 2015.

5. Donald P. Green e Adam Zelizer, "How much GOTV mail is too much? Results from a large-scale field experiment", *Journal of Experimental Political Science*, vol. 4, n. 2, 2017, pp. 107-118.

ram cada vez mais a participação dos eleitores em relação à mensagem anterior. No entanto, as últimas cinco não tiveram mais efeito.

Em casos extremos, o envio de um número excessivo de mensagens tem efeito contrário e se torna pior do que o envio de um número menor de mensagens. Em um estudo realizado no Quênia, uma equipe de pesquisadores se propôs a encontrar maneiras de aumentar a adesão a um regime de tratamento de HIV entre pacientes locais com HIV/aids. Um grupo de 431 pacientes foi designado de modo aleatório para receber lembretes diários ou semanais por mensagem de texto a fim de manter o tratamento em dia.[6] Em um período de 48 semanas, as taxas de adesão almejadas foram 32% maiores nos pacientes que receberam lembretes semanais do que nos que não receberam lembretes. No entanto a adesão dos pacientes que receberam lembretes diários não melhorou; suas taxas de adesão foram semelhantes às dos que não receberam nenhum lembrete. Os autores do estudo especulam que os lembretes diários podem ter sido considerados intrusivos ou que as mensagens chegavam com tanta frequência que os pacientes pararam de prestar atenção nelas.

Como em muitas de nossas outras orientações, o princípio modificado "menos é mais" se aplica aqui: envie o número de comunicações que for crucialmente necessário (e com a frequência que for crucialmente necessária), mas não mais do que isso. Tenha empatia com seus leitores e considere as mensagens do ponto de vista deles. Imagine se uma empresa de serviços públicos decidisse reduzir suas comunicações a um único aviso enviado uma vez por ano, lembrando os clientes de pagarem suas contas no primeiro dia de cada mês. A maioria das pessoas (inclusive nós) provavelmente se esqueceria de pagar a conta no

---

6. Cristian Pop-Eleches, Harsha Thirumurthy, James P. Habyarimana, Joshua G. Zivin, Markus P. Goldstein, Damien de Walque, Leslie MacKeen et al., "Mobile phone technologies improve adherence to antiretroviral treatment in a resource-limited setting: A randomized controlled trial of text message reminders", *AIDS*, vol. 25, n. 6, 2011, pp. 825-834.

prazo de vez em quando — um lembrete anual não é suficiente para fornecer uma orientação útil. Agora, imagine se a empresa de serviços públicos decidisse enviar lembretes *diários* sobre o pagamento de sua conta mensal. Você provavelmente começaria a ignorar os avisos ou encontraria uma maneira de interrompê-los e, da mesma forma, de vez em quando, se esqueceria de pagar a conta.

Esses exemplos extremos são úteis para ajudá-lo a ajustar sua própria estratégia. Pense no que maximizaria seu envolvimento se você estivesse na posição do leitor.

Consistência. Ao se comunicarem várias vezes com os mesmos leitores, os escritores em geral se perguntam se cada mensagem deve ser igual (em conteúdo, modo de envio e formato) para manter a consistência ou se deve ser diferente para variar. A resposta depende do tipo de informação que está sendo comunicada, mas há algumas orientações úteis que podem ser aplicadas.

Em um estudo realizado com um grande provedor de cursos on--line de acesso aberto, examinamos se era mais eficaz variar as linhas de assunto dos e-mails semanais ou mantê-las iguais. Descobrimos que variar o assunto aumentava a probabilidade de os alunos abrirem os e-mails do curso.[7] Como esses e-mails específicos eram puramente informativos e continham lembretes e atualizações sobre os cursos e o programa, tinham um valor relativamente baixo. Quando a linha de assunto era constante numa semana após a outra, os alunos provavelmente entendiam que as mensagens podiam ser ignoradas sem prejuízo. Basicamente, usavam a linha de assunto como regra geral para determinar se o e-mail seria útil e, portanto, se deveriam interagir com ele. Em contrapartida, quando a linha de assunto mudava a cada semana, os alunos precisavam abrir a mensagem para determinar o

---

7. Jessica Lasky-Fink e Todd Rogers, "Signals of value drive engagement with multi--round information interventions", *PLOS ONE*, vol. 17, n. 10, 2022, e0276072.

valor que ela poderia ter. Isso pode ter desperdiçado parte do tempo deles, mas também pode tê-los exposto a informações relevantes que, de outra forma, eles não teriam visto.

Para mensagens mais orientadas para a ação que os leitores consideram úteis, manter a linha de assunto, o formato ou a embalagem geral consistentes pode ajudá-los a reconhecer mais rápido que vale a pena se envolver com a mensagem. Já percebeu como as empresas de cartão de crédito enviam mensagens altamente consistentes — seja por e-mail ou correio físico — toda vez que uma fatura vence? Em geral, elas usam exatamente o mesmo estilo, o mesmo formato e os mesmos tipos de envelope (se forem enviadas pelo correio) ou de linhas de assunto e remetentes (se forem enviadas por e-mail) todos os meses.

Por outro lado, os criadores das campanhas políticas sabem que seus leitores podem não achar suas mensagens de arrecadação de fundos particularmente valiosas; por isso, variam constantemente as linhas de assunto dos e-mails ou os envelopes impressos enviados pelo correio. Cada um deles pode parecer bem diferente, embora todos tenham o mesmo objetivo: solicitar uma doação.

Quando tiver clareza sobre seus objetivos e entender como é provável que suas mensagens sejam recebidas pelos leitores, você poderá avaliar se a estratégia de comunicação mais eficaz é consistência ou variedade.

Posso usar uma linguagem técnica sem deixar de aplicar os seis princípios?

Os escritores se comunicam com uma ampla gama de leitores em muitos contextos diferentes. A linguagem que usamos em geral difere de acordo com os leitores almejados. Estatísticos que se comunicam com outros estatísticos podem usar linguagem matemática em suas comunicações. Esses termos matemáticos serão familiares aos seus leitores e podem ajudar a tornar a comunicação mais clara e concisa. Outros leitores, entretanto, podem achar impenetráveis as letras gregas e as fórmulas.

Portanto, sim, a linguagem técnica pode ser usada em uma escrita eficaz, mas os escritores devem fazer isso com cautela. Ao editar para fins de concisão, você também deve revisar sua linguagem para garantir que ela corresponda às necessidades e expectativas dos leitores. Conhecer seu público é a melhor maneira de garantir que sua linguagem corresponda às necessidades e expectativas dele.

E se eu precisar me dirigir a vários públicos diferentes com a mesma mensagem?

Os princípios da escrita eficaz são relevantes independentemente de a comunicação ser destinada a um indivíduo ou a milhões de pessoas. Mas a aplicação prática desses princípios pode variar de acordo com a amplitude e a diversidade do público. Gerentes, políticos, profissionais da área médica, líderes de grupos, reitores de universidades, pessoas que fazem publicidade ou divulgação pública, entre outros, costumam precisar atrair uma ampla gama de leitores ao mesmo tempo, tanto na linguagem quanto no conteúdo.

Em termos de complexidade da linguagem, isso geralmente significa usar as palavras que serão mais familiares para a maior parte dos seus leitores. Se um gerente que lidera uma equipe que inclui engenheiros, profissionais de marketing e designers enviar uma mensagem para toda a equipe usando uma linguagem técnica conhecida apenas pelos engenheiros, ela poderá ser inacessível e até mesmo alienante para o resto da equipe.

Para atrair um conjunto diversificado de leitores que podem ter interesses e necessidades diferentes, muitas vezes é necessário acrescentar mais palavras. Um membro do conselho municipal pode precisar abordar vários grupos de cidadãos (e suas respectivas preocupações) em uma única atualização. Fazer isso tecnicamente vai contra o princípio "menos é mais", mas, às vezes, é necessário mais para atingir seus objetivos finais de escrita.

Quem deve ser o mensageiro?

Quem envia e assina uma mensagem pode afetar de forma significativa a maneira como os leitores respondem a ela. Ou seja, a mesma informação transmitida por pessoas diferentes pode ser recebida de forma diferente. Na maioria das vezes, os escritores estão apenas se comunicando em seu próprio nome, sobretudo em mensagens pessoais ou individuais. Nesses casos, não é necessário fazer uma escolha; o escritor age como seu próprio mensageiro. No entanto, em muitos contextos, como atualizações organizacionais, argumentos de vendas e apelos para captação de recursos, as comunicações podem vir de vários mensageiros diferentes.

Já reparou como as campanhas políticas enviam mensagens semelhantes de arrecadação de fundos várias vezes, cada uma com um remetente diferente? Remetentes diferentes chamam a atenção de leitores diferentes, portanto, as campanhas fazem isso com a esperança de captar mais atenção e mais doações. As campanhas podem escolher um mensageiro que seja familiar e confiável para públicos específicos. Da mesma forma, os anunciantes ou as empresas podem misturar os gêneros e as etnias de seus mensageiros para atrair diferentes públicos.

Quando você tem uma opção de mensageiro, há vários atributos aos quais deve prestar atenção. A credibilidade é particularmente importante; é mais provável que os leitores respondam e ajam de acordo com as mensagens que vêm de fontes que eles confiam e admiram. Em um estudo, os pesquisadores variaram o mensageiro de cartas com o objetivo de incentivar californianos de baixa renda a verificar sua elegibilidade e solicitar o crédito de imposto de renda

EITC.[8] Metade dos destinatários recebeu uma carta da Franchise Tax Board, a agência estadual da Califórnia que administra e cobra impostos. A outra metade recebeu uma carta da Golden State Opportunity, uma organização sem fins lucrativos sediada na Califórnia. Ambas as cartas direcionavam os destinatários a um site em que poderiam verificar sua elegibilidade para o crédito fiscal. As pessoas que receberam a carta da Franchise Tax Board tinham três vezes mais chances de acessar o site do que aquelas que receberam a carta da Golden State Opportunity, provavelmente porque a Franchise Tax Board é mais conhecida e considerada mais confiável.

Mensageiros especializados, conhecidos e confiáveis também tendem a ser mais eficazes para levar as pessoas a agir em uma ampla gama de atividades, desde incentivar doações de caridade[9] até informar as pessoas sobre o risco de fumar.[10]

Dadas as complexidades de encontrar os mensageiros certos, pode ser tentador invocar um especialista fictício para ser o remetente de uma mensagem. Além das questões éticas óbvias de enganar os leitores, um especialista falso também pode causar reações adversas quando a mentira for descoberta. A LendEDU, uma empresa de financiamento estudantil, passou por isso quando inventou uma pessoa chamada "Drew Cloud". Ele era apresentado como um especialista em empréstimos estudantis e dava entrevistas on-line. Era citado nas principais fontes de notícias, muitas vezes, defendendo o refinanciamento da dívida estudantil, com o qual a LendEDU pode-

---

8. Elizabeth Linos, Allen Prohofsky, Aparna Ramesh, Jesse Rothstein e Matthew Unrath, "Can nudges increase take-up of the EITC? Evidence from multiple field experiments", *American Economic Journal: Economic Policy*, vol. 14, n. 4, 2022, pp. 432-452.

9. Dean Karlan e John A. List, "How can Bill and Melinda Gates increase other people's donations to fund public goods?" *Journal of Public Economics*, vol. 191, 2020, p. 104296.

10. Johanna Catherine Maclean, John Buckell e Joachim Marti, "Information source and cigarettes: experimental evidence on the messenger effect", *National Bureau of Economic Research*, Documento para Discussão n. 25632, mar. 2019. Para se se aprofundar no assunto, recomendamos *Influência*, de Robert Cialdini.

ria lucrar. Em 2018, o *The Chronicle of Higher Education* descobriu que ele foi inventado pela organização. A fraude continua atormentando a empresa até hoje.[11]

Quando as comunicações devem ser enviadas?

Nos workshops, muitas vezes, nos perguntam quando as mensagens devem ser enviadas para maximizar a probabilidade de os leitores responderem. Também não há uma resposta única para isso. As mensagens enviadas pela manhã não são necessariamente melhores do que as enviadas à noite, nem as segundas-feiras são melhores do que as quintas-feiras. Dito isso, podemos dizer que há alguns princípios orientadores úteis sobre o horário.

Envie mensagens quando for mais provável que seus leitores tenham tempo e motivação para ler e responder.

O momento ideal pode variar muito de grupo para grupo e ao longo do tempo. Imagine que você é um professor e precisa se comunicar com um pai ocupado a respeito de uma tarefa que o filho dele deve concluir amanhã. Enviar uma mensagem pela manhã significaria que o pai teria de usar sua atenção limitada para se lembrar dessa informação muitas horas depois, quando o filho voltasse da escola. Se a mensagem fosse enviada à tarde, o pai poderia discutir o assunto com o filho logo em seguida, reduzindo a chance de esquecimento ou distração. Por outro lado, se a maioria dos pais trabalha à tarde e está ocupada

---

11. Dan Bauman e Chris Quintana, "Drew cloud is a well-known expert on student loans. One problem: he's not real", *Chronicle of Higher Education*, 24 abr. 2018, https://www.chronicle.com/article/drew-cloud-is-a-well-known-expert-on-student-loans-one-problem-hes-not-real/.

demais para ler e-mails, a manhã pode ser melhor, apesar do fardo de precisar lembrar o dia todo.

Agora, considere outra situação: um funcionário precisa fazer uma única pergunta urgente a um colega ocupado. Enviar a mensagem no início do dia útil daria ao colega um dia inteiro para responder, ao passo que enviá-la no fim do dia aumentaria a chance de ele se esquecer de responder quando voltar ao trabalho na manhã seguinte. Mas isso pressupõe que o colega leia a mensagem enviada pela manhã. Se ele lida com seus e-mails do mais recente para o menos recente, o e-mail da manhã pode acabar enterrado sob as outras mensagens enviadas ao longo do dia.

Em última análise, entender seus leitores específicos é a melhor maneira de saber qual é o momento "certo" para enviar comunicações.

Envie mensagens orientadas para a ação perto do momento em que essa ação precisa ser realizada.

As comunicações que solicitam uma ação devem ser enviadas o mais próximo possível do momento em que a ação precisa ser realizada, deixando tempo suficiente para que o leitor aja de acordo com ela. É improvável que o envio de um lembrete em 15 de setembro para declarar o imposto de renda com vencimento em 15 de abril seja eficaz; quando abril chegar, a maioria das pessoas já terá esquecido o lembrete. Por outro lado, enviar um lembrete em 14 de abril para declarar o imposto de renda com vencimento em 15 de abril provavelmente também é ineficaz, mas nesse caso porque a maioria das pessoas precisa de mais de um dia para concluir e declarar seu imposto. O ideal é que seus leitores sintam um nível adequado de urgência — focada, mas não desesperada — ao receber sua mensagem.

E-mail, chat, mensagem, correio: qual é a mídia certa para minha mensagem?

Hoje em dia, nossas opções de envio de comunicações podem parecer ilimitadas e, às vezes, esmagadoras. Os diferentes métodos de comunicação têm seus próprios pontos fortes e fracos. Algumas organizações definem padrões explícitos para a forma como esperam que os funcionários se comuniquem. As pessoas também têm suas preferências próprias e variadas: algumas preferem e-mail para atualizações e mensagens de texto para agendamento; outras gostam exatamente do oposto. Quando possível, recomendamos perguntar às pessoas qual método elas preferem para diferentes tipos de informações. No entanto, quando isso não for possível, recomendamos usar o meio que melhor se adapte ao objetivo da mensagem e às necessidades dos leitores, considerando a extensão e o formato da mensagem e o comportamento típico do leitor.[12]

Apesar (ou talvez por causa) do aumento das comunicações digitais nas últimas décadas, as comunicações em papel ainda são eficazes, sobretudo para os leitores que são inundados de mensagens digitais por e-mail e mensagens. Como podem persistir no âmbito físico, elas também servem como lembretes físicos quando uma ação solicitada é demorada, quando deve ser realizada mais tarde ou quando requer várias etapas escalonadas. Um de nossos estudos constatou que cartões-postais foram quase duas vezes mais eficazes que e-mails para aumentar o número de estudantes universitários inscritos no CalFresh, o programa de vale-alimentação da Califórnia.[13] Não conseguimos avaliar exatamente por que os cartões-postais foram tão mais eficazes, mas há dois motivos prová-

---

12. Erica Dhawan, "Did you get my Slack/email/text?", *Harvard Business Review*, 7 maio 2021, https://hbr.org/2021/05/did-you-get-my-slack-email-text.

13. Jessica Lasky-Fink, Jessica Li e Anna Doherty, "Reminder postcards and simpler emails encouraged more college students to apply for CalFresh", *California Policy Lab*, 2022.

veis. Primeiro, eles talvez chamem mais a atenção por serem menos comuns do que os e-mails. Em segundo lugar, permanecem no mundo físico do leitor, direcionando constantemente a atenção para o programa de vale-alimentação até que o aluno tenha tempo e motivação para se inscrever.

Também é importante adequar seu método de comunicação ao público-alvo. Alguns públicos podem ter acesso limitado à tecnologia ou se sentir menos à vontade com ela, o que torna as comunicações em papel mais apropriadas. As comunicações digitais também podem impor ônus a determinadas populações, em especial se forem necessários o envolvimento ou a interação direta. Em um estudo, pais de comunidades historicamente desfavorecidas da Grécia foram convidados a buscar informações sobre atendimento odontológico gratuito para seus filhos por meio de quatro tipos de comunicação.[14] A probabilidade de os pais usarem um cartão-postal pré-pago para solicitar informações era dezoito vezes maior do que a de usarem e-mail ou telefone para solicitar as informações. Essa disparidade ocorreu, em parte, porque os pais não tinham confiança nem autoeficácia nas interações pessoais (por telefone ou e-mail). Ao mesmo tempo, alguns públicos são mais fáceis de alcançar por e-mail ou mensagem de texto, em especial se os endereços de correspondência não estiverem disponíveis ou se for provável que estejam desatualizados. Para muitos leitores, um e-mail ou uma mensagem de texto são mais simples e convenientes do que uma mensagem impressa.

É importante observar que as normas para cada método de comunicação variam não apenas de acordo com o contexto como também conforme o tempo. Essas mudanças de padrões podem influenciar

---

14. Katerina Linos, Melissa Carlson, Laura Jakli, Nadia Dalma, Isabelle Cohen, Afroditi Veloudaki e Stavros Nikiforos Spyrellis, "How do disadvantaged groups seek information about public services? A randomized controlled trial of communication technologies", *Public Administration Review*, vol. 82, n. 4, 2022, pp. 708-720.

sua eficácia. Estudos realizados em 2006 constataram que uma única mensagem de texto lembrando as pessoas de votar aumentava o comparecimento em 4 pontos percentuais.[15] Em 2010, realizamos uma pesquisa mostrando que uma única mensagem de texto aumentava o comparecimento em cerca de 1 ponto percentual.[16] Em 2017, constatou-se que as mensagens de texto quase não tinham efeito sobre o comparecimento.[17] Aparentemente, as mensagens de texto se tornaram uma forma menos eficaz de fornecer informações importantes aos eleitores.

A mudança na forma como as pessoas reagiram às mensagens de texto pode ter muito a ver com a novidade e o volume. Em 2006, o envio de mensagens de texto era algo relativamente novo para a maioria das pessoas, então, poucas organizações as enviavam. Quando as pessoas recebiam uma mensagem, elas prestavam atenção e a liam com atenção. Hoje, é prática comum as organizações enviarem mensagens de texto; muitos de nós recebem até mensagens de spam. Como resultado, a maioria das pessoas provavelmente presta muito menos atenção em mensagens não solicitadas agora do que em 2006. E, como destacamos ao longo deste livro, o envolvimento com a mensagem é o primeiro resultado de uma comunicação eficaz. À medida que a comunicação digital evolui, esperamos que surjam padrões semelhantes para qualquer que seja a próxima forma comum de mensagem.

---

15. Allison Dale e Aaron Strauss, "Don't forget to vote: Text message reminders as a mobilization tool", *American Journal of Political Science*, vol. 53, n. 4, 2009, pp. 787-804.
16. Neil Malhotra, Melissa R. Michelson, Todd Rogers e Ali Adam Valenzuela, "Text messages as mobilization tools: The conditional effect of habitual voting and election salience", *American Politics Research*, vol. 39, n. 4, 2011, pp. 664-681.
17. Vote.org, "Increasing voter turnout — One text at a yime", *Medium*, 27 jun. 2017, https://medium.com/votedotorg/increasing-voter-turnout-with-texts-voteorg-e38b-d454bd64.

	PONTOS FORTES	PONTOS FRACOS
Plataformas de chat (por exemplo, Slack, Microsoft Teams)	Boas para colaboração em tempo real e pedidos urgentes, com prazo (se as pessoas permanecerem acessíveis). Boas para organizar mensagens em canais separados por assunto.	Podem ser facilmente esquecidas se não forem respondidas de imediato, tornando-se menos adequadas para situações em que uma resposta imediata não seja necessária ou possível. Podem gerar um grande volume de comunicações e notificações, o que, por sua vez, pode levar os leitores a se desligar.
Mensagem de texto	Chega às pessoas quase instantaneamente, tornando-se ideal para mensagens que possam ser entregues exatamente quando a ação exigida pode ser realizada, caso os leitores prestem atenção em suas mensagens.	Tende a desaparecer da atenção depois de serem lidas; portanto, não são ideais para ações orientadas para o futuro ou que exijam diversos passos ao longo do tempo.
E-mail	Bom para documentar a comunicação. Útil para entregar informações mais detalhadas do que cabem numa mensagem de texto, em especial incluindo anexos. Relativamente barato para entregar comunicações em massa. Bom para direcionar pessoas a fontes on-line externas por meio de links.	Chegou à saturação, aumentando o risco de qualquer mensagem isolada se perder ou ser lida tarde demais, independentemente do quanto seja importante.

	PONTOS FORTES	**PONTOS FRACOS**
Correio físico	Pode se tornar um "artefato social" que permanece mesmo depois de ser entregue; pode ser comentado e compartilhado fisicamente. Pode ser útil para não perder de vista ações a serem implementadas no futuro ou ações que exigem passos múltiplos ao longo do tempo.	Mais lento e mais caro de ser entregue do que tipos digitais de mensagens.

Como escrever para redes sociais?

Embora as pesquisas sobre o assunto ainda estejam em evolução, propomos algo que pode parecer radical: a escrita para redes sociais deve seguir os mesmos princípios de outras formas de escrita prática. Já observamos que é mais provável que as pessoas se envolvam com publicações em redes sociais que sejam mais legíveis.[18] A escrita para redes sociais também pode se beneficiar da aplicação dos outros cinco princípios. Mesmo em formatos curtos e modernos, a escrita eficaz continua sendo uma escrita eficaz.

No entanto, os *objetivos* dos escritores podem ser diferentes nas redes. As publicações no Facebook, no Instagram, no TikTok, no Twitter e em redes similares tendem a ser mais do que simplesmente transferir informações de forma eficiente para os leitores. Os escritores em geral querem que suas publicações sejam divertidas e dignas de ser compartilhadas. Isso pode exigir complexidade e nuances extras, mesmo

---

18. Ethan Pancer, Vincent Chandler, Maxwell Poole e Theodore J. Noseworthy, "How readability shapes social media engagement", *Journal of Consumer Psychology*, vol. 29, n. 2, 2019, pp. 262-270.

quando se trabalha com uma contagem de palavras bem restrita. Portanto, as publicações em redes sociais precisam equilibrar os princípios da comunicação eficaz com o estilo mais pessoal e informal e os objetivos do meio.

Como devo usar hiperlinks em mensagens digitais?

Um dos pontos fortes das comunicações digitais é que elas facilitam a conexão dos leitores com outras fontes on-line. A maioria dos softwares de escrita sublinha e altera automaticamente a cor dos hiperlinks para ajudar os leitores a identificar onde devem clicar para obter mais informações ou realizar uma ação. Da mesma forma que outros tipos de formatação, os hiperlinks podem ajudar a captar a atenção dos leitores: algumas pesquisas de rastreamento ocular mostram que os leitores que estão passando os olhos passam mais tempo nos hiperlinks do que nas palavras sem hiperlinks.[19] Porém, se os hiperlinks não forem as informações mais importantes de uma mensagem, eles podem excluir outras informações, da mesma forma que outros tipos de formatação.

Um grande distrito escolar com o qual trabalhamos enviou um e--mail com vários parágrafos que se pareciam com este:

> Para obter mais informações e uma lista de itens qualificados, consulte a Publicação de Informações ao Contribuinte do Departamento de Receita sobre o Período de Isenção Fiscal para Preparação para Desastres 2021. Como lembrete, listamos os dias priorizados de clima severo (furacão) em nosso calendário escolar de 2021-2022.

---

19. Gemma Fitzsimmons, Lewis T. Jayes, Mark J. Weal e Denis Drieghe, "The impact of skim reading and navigation when reading hyperlinks on the web", *PLOS ONE*, vol. 15, n. 9, 2020, p. e0239134.

Achamos que o formato sobrecarregado é difícil de ler. A atenção é naturalmente atraída para os hiperlinks de cores diferentes. Isso pode deixar os leitores confusos a respeito do que é mais importante. Como os hiperlinks não parecem ser a informação mais importante aqui, seria útil minimizar o número de palavras que os links destacam:

> Para obter mais informações e uma lista de itens qualificados, consulte a Publicação de Informações ao Contribuinte do Departamento de Receita sobre o Período de Isenção Fiscal para Preparação para Desastres 2021. Como lembrete, listamos os dias priorizados de clima severo (furacão) em nosso calendário escolar de 2021-2022.

A simplificação é importante sobretudo para os leitores que usam ferramentas de leitura de áudio para entender seus e-mails. Essas ferramentas geralmente anotam quais palavras estão associadas aos links. Vincular o menor número possível de palavras e, ao mesmo tempo, garantir que as palavras dos hiperlinks transmitam algum significado pode ajudar a todos, em especial os deficientes visuais e outras pessoas que dependem de ferramentas de leitura de áudio.

É apropriado usar sarcasmo, humor ou emojis?

O humor e o sarcasmo são arriscados porque as pessoas podem facilmente interpretá-los mal em sua forma escrita. Ao ler, não temos acesso a expressões faciais, entonação e outras sutilezas que transmitem a verdadeira intenção da comunicação. Mesmo quando os escritores acham que seu sarcasmo é óbvio, os leitores costumam ficar confusos. Em um estudo revelador, foi solicitado que as pessoas escrevessem mensagens sarcásticas e depois previssem qual fração dos leitores reconheceria que elas estavam sendo sarcásticas. Os escritores previram 78% de sucesso. Na realidade, os leitores não passavam de 50% na detecção de sarcasmo na escrita.[20]

Os emojis podem levar a uma confusão igualmente não intencional e inesperada, sobretudo em grupos de idades variadas.[21] Os rostos sorridentes tendem a ser interpretados como positividade sincera entre os leitores mais velhos, enquanto os leitores mais jovens em geral os interpretam como paternalistas ou passivo-agressivos.[22] Os significados de diferentes emojis também mudam com o tempo, tornando ainda mais complicado saber quando e como usá-los de forma adequada. Se você conhece as normas e as expectativas do seu público, os emojis podem ajudar a transmitir emoção ou humor.

Como a variedade de emojis se expandiu, eles também são cada vez mais usados para expressar ideias sérias. Por exemplo, um juiz determinou, em fevereiro de 2023, que alguns emojis têm importantes consequências financeiras e jurídicas porque seu significado não é ambíguo (pelo menos, por enquanto). O juiz escreveu que 🚀, 📈 e 💰 "significam objetivamente uma coisa: um retorno financeiro sobre o investimento".[23] Ainda não se sabe se os emojis continuarão a evoluir para assumir conotações e significados sérios. Por enquanto, porém, os escritores devem ser cautelosos e claros ao usar emojis em textos importantes, dada a sua ampla gama de possíveis interpretações.

Um objetivo frequente dos escritores é serem vistos como engraçados ou menos sérios por seus leitores. Se for esse o seu objetivo, vá em

---

20. Justin Kruger, Nicholas Epley, Jason Parker e Zhi-Wen Ng, "Egocentrism over e-mail: Can we communicate as well as we think?", *Journal of Personality and Social Psychology*, vol. 89, n. 6, 2005, pp. 925-936.
21. Hannah Elizabeth Howman e Ruth Filik, "The role of emoticons in sarcasm comprehension in younger and older adults: Evidence from an eye- tracking experiment", *Quarterly Journal of Experimental Psychology*, vol. 73, n. 11, 2020, pp. 1729-1744.
22. Aiyana Ishmael, "Sending smiley emojis? They now mean different things to different people", *Wall Street Journal*, 9 ago 2021, https://www.wsj.com/articles/sending-a-smiley-face-make-sure- you- know-what-youre-saying-11628522840.
23. Friel v. Dapper Labs, Inc. et al., 1:21-cv-05837-VM, p. 46, https://assets.bwbx.io/documents/users/iqjWHBFdfxIU/rNL9SOS91Xgo/v0.

frente (e boa sorte 😉). Mas você provavelmente precisará sinalizar com mais ênfase do que acha necessário que está tentando ser engraçado.[24] Explicar que está sendo sarcástico pode diminuir o humor, mas também pode eliminar mal-entendidos e confusão.

Quando devo usar imagens em vez de palavras?

Uma imagem vale mais que mil palavras, como diz o clichê — mas essas mil palavras podem não ser as que você está tentando transmitir. Se a tradução de palavras em uma imagem puder economizar o tempo dos leitores e, ao mesmo tempo, servir aos nossos objetivos como escritores, o uso de imagens pode fazer sentido. No entanto, se a imagem aumentar a complexidade, confundir ou distrair o leitor, provavelmente será um erro incluí-la.

Às vezes, as imagens são incluídas por motivos puramente estéticos. Pode ser uma estratégia útil para aumentar o envolvimento do leitor ou a percepção de profissionalismo por parte dele, desde que as imagens não distraiam os leitores nem exijam desnecessariamente a atenção deles. Se você quiser incluir um elemento gráfico para atrair a atenção visual, talvez também queira considerar tabelas, gráficos, quadros ou outros elementos de design que possam transmitir sua mensagem principal com mais eficiência, conforme discutido no capítulo 6.

---

24. Claus-Peter Ernst e Martin Huschens, "Friendly, humorous, incompetent? On the influence of emoticons on interpersonal perception in the workplace". In: *Proceedings of the 52nd Hawaii International Conference on System Sciences*. Grand Wailea: 2019, http://hdl.handle.net/10125/59518.

11

Nossas palavras, nós mesmos

Por mais que desejemos que todos os escritores sejam vistos da mesma forma, esse não é o mundo em que vivemos. Os leitores têm expectativas referentes ao modo como determinados tipos de pessoas *devem* se comunicar. Têm preconceitos e suposições em relação a como certos tipos de pessoas *de fato* se comunicam. São rápidos em fazer inferências sobre os comunicadores com base na forma como uma mensagem é escrita, desde a escolha das palavras até a sintaxe, passando pela estrutura geral e pelo tom. Um e-mail de uma linha pode ser percebido como rude por alguns remetentes, mas é totalmente aceitável por outros.

Estereótipos baseados em gênero, raça, etnia e status social interferem em tudo o que fazemos. A escrita não está imune. Os mesmos estereótipos se refletem na forma como os leitores percebem as mensagens de vários grupos, sobretudo de grupos diferentes do seu. As comunicações de mulheres, minorias raciais ou étnicas ou pessoas em posições de baixo status podem ser consideradas de forma diferente (em geral, de formas menos favoráveis) do que as comunicações de homens, pessoas brancas ou pessoas em posições de alto status. A forma como somos percebidos pode afetar a eficácia de nossas mensagens, acrescentando outro nível de complexidade a todos os princípios que abordamos neste livro.

Em uma história anedótica, mas muito familiar, dois editores profissionais — um homem e uma mulher — trocaram as assinaturas de e-mail (e, portanto, seus gêneros percebidos) por uma semana ao se comunicarem com os clientes.[1] A editora descobriu que os clientes eram mais receptivos e a levavam mais a sério quando ela usava a assinatura do colega homem. Enquanto isso, quando o editor homem usou a assinatura de sua colega mulher, descobriu que os clientes questionavam mais suas sugestões do que ele estava acostumado e se comportavam de modo mais condescendente.

Experimentos aleatórios realizados nos Estados Unidos mostraram com frequência preconceitos contra escritores que são vistos como mulheres ou minorias. Por exemplo, é menos provável que as pessoas respondam a e-mails de pessoas que acreditam ser negras do que de pessoas que acreditam ser brancas. Isso foi constatado entre o público em geral,[2] professores universitários,[3] legisladores estaduais[4] e prestadores de serviços públicos, como distritos escolares, bibliotecas locais e funcionários do condado.[5] Da mesma forma, foi constatado que os professores universitários classificam os candidatos do sexo masculino

---

1. Stav Ziv, "Male and female co-workers switched email signatures, faced sexism", *Newsweek*, 10 mar. 2017, https://www.newsweek.com/male-and-female-coworkers--switched-email-signatures-faced- sexism-566507.
2. Ray Block Jr., Charles Crabtree, John B. Holbein e J. Quin Monson, "Are Americans less likely to reply to emails from Black people relative to White people?", *Proceedings of the National Academy of Sciences*, vol. 118, n. 52, 2021, e2110347118.
3. Katherine L. Milkman, Modupe Akinola e Dolly Chugh, "Temporal distance and discrimination: An audit study in academia", *Psychological Science*, vol. 23, n. 7, 2012, pp. 710-717.
4. Daniel M. Butler e David E. Broockman, "Do politicians racially discriminate against constituents? A field experiment on state legislators", *American Journal of Political Science*, vol. 55, n. 3, 2011, pp. 463-477.
5. Corrado Giulietti, Mirco Tonin e Michael Vlassopoulos, "Racial discrimination in local public services: A field experiment in the United States", *Journal of the European Economic Association*, vol. 17, n. 1, 2019, pp. 165-204.

a um cargo de pesquisa de nível júnior como mais competentes e desejáveis do que as candidatas do sexo feminino.[6]

A identidade de um escritor também tende a influenciar a linguagem que ele usa, talvez porque os escritores estejam cientes de que a forma como são percebidos pode influenciar a maneira como suas mensagens são recebidas pelos leitores. Quando escritores de status inferior escrevem para leitores de status superior, eles tendem a escrever mensagens mais longas, contendo relativamente poucas solicitações diretas, mas os escritores de status superior tendem a fazer o oposto.[7] Em comparação com os homens, as mulheres têm maior probabilidade de escrever usando sinais de cordialidade, como pontos de exclamação,[8] pedidos de desculpas[9] e declarações qualificadas como "eu acho" e "eu sinto".[10] No entanto, quando as mulheres compensam "enviando e-mails como homens", relatam as escritoras, elas são frequentemente percebidas como "frias" ou "agressivas" demais.[11] É uma armadilha enfrentada por escritores de muitos grupos estereotipados.

---

6. Corinne A. Moss-Racusin, John F. Dovidio, Victoria L. Brescoll, Mark J. Graham e Jo Handelsman, "Science faculty's subtle gender biases favor male students", *Proceedings of the National Academy of Sciences*, vol. 109, n. 41, 2012, pp. 16474-16479.
7. Rachele De Felice e Gregory Garretson, "Politeness at work in the Clinton email corpus: A first look at the effects of status and gender", *Corpus Pragmatics*, vol. 2, 2018, pp. 221-242.
8. Carol Waseleski, "Gender and the use of exclamation points in computer-mediated communication: An analysis of exclamations posted to two electronic discussion lists", *Journal of Computer-Mediated Communication*, vol. 11, n. 4, 2006, pp. 1012-1024.
9. Karina Schumann and Michael Ross, "Why women apologize more than men: Gender differences in thresholds for perceiving offensive behavior", *Psychological Science*, vol. 21, n. 11, 2010, pp. 1649-1655.
10. Robin Tolmach Lakoff, *Language and Woman's Place*. Nova York: Harper and Row, 1973.
11. Victoria Turk, "The problem with telling women to email like men", *Vice*, 11 mar. 2019, https://www.vice.com/en/article/8xyb5v/how-to-write-professional-work-email-women; Amelia Tait, "'Sorry for bothering you!': The emotional labour of female emails", *New Statesman*, 3 jul. 2017, https://www.newstatesman.com/science-tech/2017/07/sorry-bothering-you-emotional-labour-female-emails.

Molde sua identidade como escritor

Temos controle limitado sobre nossas identidades externas e não podemos mudar sozinhos os fundamentos do modo como a sociedade nos percebe. Só podemos nos manter conscientes do modo como nossas palavras (e, portanto, nós mesmos) podem ser percebidas e da forma como essa percepção pode afetar nossos objetivos como escritores. A necessidade de maior atenção é injusta, pois o ônus recai de maneira desproporcional sobre membros de grupos desfavorecidos. Ela também exige um equilíbrio precário. Não queremos perpetuar estereótipos negativos os aceitando. Ao mesmo tempo, queremos ajudar escritores de todos os tipos e de todas as origens a escrever de forma eficaz — e, sendo realista, fazer isso requer escrever tendo consciência da maneira como nossas mensagens podem ser recebidas por outras pessoas com base na forma como elas nos percebem.

Antes de redigir qualquer mensagem, os escritores precisam definir seu estilo e seu tom gerais. Muitas vezes, há normas específicas do contexto que podem servir de orientação. Uma carta de arrecadação de fundos ou um memorando administrativo sobre os resultados financeiros de uma empresa não deixa muito espaço para ajustes pessoais. No entanto, nas comunicações cotidianas, muitas vezes, nos deparamos com uma ampla gama de opções. Você deve enviar uma carta formal em preto e branco ou um cartão-postal informal com design colorido? Deve cumprimentar os leitores com "Olá, amigo!" ou "A quem possa interessar"? Essas decisões dependerão de suas circunstâncias profissionais (ou não profissionais), mas também do modo como sua identidade é percebida. Os leitores costumam observar o estilo de uma comunicação, tanto em termos de linguagem quanto no campo de design, para inferir a simpatia, a credibilidade, a capacidade de relacionamento e os objetivos de quem escreve.

Por exemplo, algumas pesquisas descobriram que os leitores têm maior probabilidade de responder a comunicações governamentais escritas em linguagem relativamente formal, em parte porque a formalidade funciona como um sinal de credibilidade no contexto do setor público.[12] Outro estudo concluiu que os políticos que usam uma linguagem mais informal nas redes sociais são vistos como menos confiáveis porque o estilo vai contra a forma como as pessoas esperam que os políticos soem.[13] Da mesma forma, é menos provável que as pessoas confiem em marcas de consumo desconhecidas que usam comunicação informal nas redes, em virtude das normas relativas ao modo como as empresas devem se expressar — embora, como todas as normas, elas pareçam estar evoluindo.[14] Essas considerações podem se tornar ainda mais complicadas quando a identidade pessoal é adicionada à equação, como quando alguém com uma identidade pessoal de status inferior está se comunicando a partir de uma posição profissional de status superior.

Como regra geral, um estilo de comunicação formal funciona melhor quando é isso que os leitores esperam. Em alguns contextos, porém, um estilo informal pode ser mais apropriado e eficaz; um estilo formal pode até parecer inadequado. Escrever um e-mail excessivamente rígido para um colega ou um amigo próximo, por exemplo, provavelmente será visto como estranho ou rude. Mas escrever um e-mail excessivamente informal para uma pessoa em uma posição de poder *também* pode parecer rude. Em ambos os casos, os leitores podem ser dissuadidos de responder por causa do que o estilo de comunicação sinaliza.

---

12. Elizabeth Linos, Allen Prohofsky, Aparna Ramesh, Jesse Rothstein e Matthew Unrath, "Can nudges increase take-up of the EITC? Evidence from multiple field experiments", *American Economic Journal: Economic Policy*, vol. 14, n. 4, 2022, pp. 432-452; Elizabeth Linos, Jessica Lasky-Fink, Chris Larkin, Lindsay Moore e Elspeth Kirkman, "The Formality Effect", Documento de discussão HKS n. RWP23- 009 (2023).
13. Olivia M. Bullock e Austin Y. Hubner, "Candidates' use of informal communication on social media reduces credibility and support: Examining the consequences of expectancy violations", *Communication Research Reports*, vol. 37, n. 3, 2020, pp. 87-98.
14. Anaïs Gretry, Csilla Horváth, Nina Belei e Allard C. R. van Riel, "'Don't pretend to be my friend!' When an informal brand communication style backfires on social media", *Journal of Business Research*, vol. 74, 2017, pp. 77-89.

Assim como formalidade versus informalidade, a contrapartida entre cordialidade e concisão é algo familiar para muitos escritores. Muitas vezes, incluímos conteúdo que não está relacionado aos nossos objetivos principais, mas que, em vez disso, tem a intenção de tornar nossas mensagens mais amigáveis e educadas — características valorizadas em contextos profissionais e pessoais. Pense em todos os e-mails que começam com "Espero que você esteja bem!". Essas saudações podem parecer supérfluas do ponto de vista de "menos é mais", mas são uma parte importante da interação humana. Cortar todo o conteúdo irrelevante de uma mensagem corre o risco de soar agressivo ou rude, o que pode diminuir a chance de os leitores se envolverem com ela.

Alcançar o equilíbrio certo entre precisão e personalidade é especialmente importante para escritores que são mulheres, que pertencem a minorias raciais e étnicas ou que têm status social ou profissional inferior. O poder, o status, a raça, o gênero e outras identidades estereotipadas podem afetar a forma como os leitores esperam que as pessoas escrevam e, principalmente, a cordialidade que se espera que elas transmitam. Muitos desses escritores podem achar que incluir "mais", na forma de linguagem calorosa, pessoal e educada, ajuda a atingir seus objetivos, mesmo que isso resulte em mensagens um pouco menos concisas. Dito isso, podemos afirmar que o princípio "menos é mais" continua tão relevante como sempre, desde que apareça de uma forma que reflita o mundo para o qual estamos escrevendo. A inclusão de uma única frase calorosa e personalizada no início de uma mensagem pode ajudar a envolver o leitor e protegê-lo contra expectativas prejudiciais. Incluir dois parágrafos de preâmbulo pessoal pode ser um tiro pela culatra, levando-o a perder seus leitores e até mesmo prejudicando a forma como você é percebido.

Compreender as expectativas e as normas dos leitores é fundamental para escolher um estilo de comunicação apropriado e eficaz. No entanto, às vezes, temos que assumir o controle dessas normas ou nos recusar a ceder às expectativas dos leitores. Um escritor pode ser visto como alguém de baixo status por causa da raça, do gênero ou de outros aspectos de sua identidade, apesar de ter um emprego governamental de alto status. Nesse caso, não é função do escritor acomodar a possibilidade de o leitor esperar excessiva cordialidade ou formalidade. As normas e expectativas sociais mudaram muito nas últimas décadas; em parte, graças às ações de pessoas (inclusive escritores) que se recusaram a se curvar às expectativas sociais e culturais.

Temos plena consciência de que nós, os autores deste livro, estamos escrevendo de uma posição de privilégio. Trabalhamos em uma universidade de alto nível e, como resultado, muitas vezes, recebemos o benefício da dúvida em nossos textos. Todavia, os princípios da escrita eficaz não são apenas nossas observações subjetivas e pessoais. São estratégias de comunicação que foram amplamente estudadas, analisadas e testadas. Estão enraizados em princípios universais da natureza humana: a atenção e o foco limitados da mente, as regras de ouro que ela usa, os comportamentos de pessoas apressadas e as formas como damos e recebemos informações por meio de mensagens escritas.

Embora não possamos conhecer seu cenário, sua dinâmica e seus contextos específicos, em última análise, os princípios da escrita eficaz se aplicam independentemente de suas identidades e de situações específicas. Os princípios ajudam a otimizar dentro de suas limitações. Se todo o resto for igual, menos palavras são melhores do que mais palavras. Exigir menos esforço para responder é melhor do que exigir mais esforço. Acima de tudo, facilitar para os leitores é melhor do que dificultar. No entanto, como os escritores são percebidos de formas diferentes com base em suas identidades, a aplicação prática desses princípios pode parecer diferente para escritores diferentes em ambientes diferentes. Estar ciente dos estereótipos dos leitores, por mais injustos que sejam, é fundamental para escrever com eficácia.

Aplique o teste da verdade

Há um aspecto da identidade que ainda não abordamos, porque ele está profundamente implícito em tudo o que foi dito até aqui: a honestidade. Os princípios da escrita eficaz baseiam-se todos na suposição de que você, o escritor, deseja genuinamente ser compreendido. Partimos do princípio de que o objetivo declarado do escritor é o mesmo que o objetivo real do escritor. No entanto, no mundo real, essa suposição nem sempre é correta.

Em certos contextos, o objetivo de um escritor não é ser lido e compreendido, mas exatamente o oposto. Alguns têm como objetivo ofuscar, obscurecer e ocultar informações que devem ser divulgadas, mas que prefeririam não divulgar. Evidências empíricas mostram que as empresas escrevem de forma mais obtusa quando divulgam aos investidores a remuneração do CEO e pacotes de outras questões financeiras importantes,[15] e os cientistas escrevem de forma mais complexa quando suas pesquisas são fraudulentas.[16] Às vezes, os escritores são pagos para disseminar ideias enganosas e mentiras descaradas em nome de empresas, políticos, governos, grupos de defesa e outras organizações. Esses escritores são assustadoramente comuns nas mídias sociais, embora a propaganda e a desinformação não sejam invenções modernas.

Não podemos oferecer orientação para escritores que estejam especificamente buscando não ser claros. Isso vai contra os princípios

---

15. Indrarini Laksmana, Wendy Tietz e Ya-Wen Yang, "Compensation discussion and analysis (CD&A): Readability and management obfuscation", *Journal of Accounting and Public Policy*, vol. 31, n. 2, 2012, pp. 185-203; Brian J. Bushee, Ian D. Gow e Daniel J. Taylor, "Linguistic complexity in firm disclosures: Obfuscation or information?", *Journal of Accounting Research*, vol. 56, n. 1, 2018, pp. 85-121; John K. Courtis, "Annual report readability variability: Tests of the obfuscation hypothesis", *Accounting, Auditing & Accountability Journal*, vol. 11, n. 4, 1998, pp. 459-472.
16. David M. Markowitz e Jeffrey T. Hancock, "Linguistic obfuscation in fraudulent science", *Journal of Language and Social Psychology*, vol. 35, n. 4, 2016, pp. 435-445.

do nosso livro, além dos princípios mais gerais da comunicação ética. Entretanto, podemos oferecer algumas orientações para os leitores: seja cauteloso e atento ao se deparar com uma mensagem que pareça deliberadamente complicada. Na maioria das vezes, é provável que isso indique apenas que o autor não entende como se comunicar de forma eficaz. Contudo, às vezes, uma escrita obscura esconde uma das verdades mais importantes que uma mensagem pode conter: que o autor tem algo a esconder.

12

E agora?

O grande objetivo deste livro é tornar os princípios da escrita eficaz uma parte automática de seu processo diário. Qualquer coisa que exija muita atenção consciente é desgastante; naturalmente, todos nós queremos evitar ou adiar tarefas difíceis. Porém, quanto mais você praticar a escrita eficaz, mais fácil ela se tornará. Pense nisso como aprender a cantar, digitar ou dirigir. No início, essas tarefas parecem intensamente exigentes, requerendo toda a sua atenção. Com o tempo, se tornam tão familiares que você consegue fazer outras tarefas além delas, como atender a uma ligação enquanto dirige na estrada ou ouvir música enquanto digita um relatório.

Não há dúvida de que aprender a escrever com eficácia exige um investimento inicial, mas isso compensa de várias maneiras. Ao longo deste livro, nos concentramos nos benefícios que a escrita eficaz traz para o leitor, mas também observamos muitos exemplos de benefícios para o escritor. Vale a pena reiterar este ponto: a escrita eficaz não é uma forma de altruísmo para o leitor, embora, sem dúvida, facilite a vida dele. Na verdade, é uma forma de os escritores esclarecerem e destilarem seus objetivos e aumentarem a probabilidade de que esses objetivos sejam alcançados.

A falha de comunicação decorrente de uma escrita ineficaz pode prejudicar amizades. Pode prejudicar sua carreira, em especial se você estiver em uma profissão em que lida com o público ou interage de forma regular com seus colegas por meio da escrita. Em casos extremos, como na eleição presidencial de 2000 nos Estados Unidos, pode literalmente mudar o curso da história. E rouba de você um dos poderes mais maravilhosos e mágicos que temos como ser humano: a capacidade de transmitir ideias da sua cabeça para a cabeça de outra pessoa.

Quando você aproveita o poder da comunicação eficaz, seus benefícios operam em todas as escalas. Sim, a comunicação eficaz pode fazer com que seus colegas de trabalho respondam a um questionário do escritório ou pode ser útil para marcar um jantar com um amigo. No entanto, como vimos, também é útil para ajudar estudantes a não se endividarem ou garantir que pacientes doentes compareçam a uma consulta médica. A escrita eficaz pode ser vibrante, cheia de humor, empatia, emoção, estilo e perspectiva. Na escala mais grandiosa, pode ser aplicada às coisas mais importantes da vida: promover a busca da justiça e da prosperidade, orientar os pais em situações difíceis, oferecer mensagens significativas de consolo e apoio a pessoas que estão sofrendo.

Embora os princípios da escrita orientada por objetivos sejam atemporais, tão antigos quanto o próprio processo de escrita, a aplicação desses princípios está sempre evoluindo. Por um lado, a escrita eficaz é influenciada pelo meio em que é transmitida. Há vinte anos, a rede social era um meio novo e empolgante. Trinta anos atrás, o mesmo acontecia com as mensagens de texto. Quarenta anos atrás, o mesmo acontecia com o e-mail. Em parte, também, a escrita eficaz é influenciada por mudanças na cultura e nas normas sociais. As atitudes em relação a raça, gênero e outros aspectos da identidade pessoal mudaram quase tão rapidamente quanto as transformações na tecnologia. Assim como a tecnologia e a sociedade continuam a evoluir, a escrita, sem dúvida, seguirá o mesmo caminho.

Não somos tecnólogos e com certeza não somos videntes, portanto, não tentaremos prever como será a escrita prática cotidiana daqui a quarenta anos. Mas é seguro dizer que, com cada mudança tecnológica, surgirão novas formas de comunicação e que cada uma delas trará novas normas, oportunidades e desafios. Também podemos prever com segurança que os leitores continuarão a ter pouquíssimo tempo e pouca atenção. Portanto, continuará a haver uma necessidade premente de uma escrita eficaz que seja mais fácil para os leitores. Enquanto escrevíamos este livro, os *chatbots* de IA que usam grandes modelos de linguagem, como o Chat GPT, se tornaram populares. Essas ferramentas foram treinadas para analisar e imitar a maneira como os seres humanos reais escrevem. Elas já estão se tornando extremamente sofisticadas na organização coerente do texto, de forma a convencer os leitores de que a IA de grandes modelos de linguagem está escrevendo com intenção consciente.

Esses *chatbots* poderiam ser extremamente úteis para auxiliar os escritores — por exemplo, gerando os primeiros rascunhos a partir de marcadores, polindo os rascunhos finais ou oferecendo sugestões iniciais para que os escritores superem a agonia de começar com uma tela em branco. Contudo, como mostramos ao longo deste livro, a escrita eficaz deve ser informada pela maneira como as pessoas *leem* e por todos os contextos e expectativas em constante mudança que influenciam o processo de leitura. Os *chatbots* que usam grandes modelos de linguagem ainda não foram treinados para escrever com essa percepção adicional (talvez um dia!). Por enquanto, os escritores ainda estão sozinhos para traduzir seus objetivos em uma escrita eficaz para leitores apressados.

Abrimos este livro afirmando que, se os leitores apressados abandonarem nossa escrita sem entendê-la, a culpa é nossa. Podemos ficar sentados esperando que os leitores prestem muita atenção em tudo o que escrevemos ou podemos aceitar que é nosso trabalho como escritores encontrar os leitores apressados onde eles estão, do modo como eles são. Para isso, é necessário revisar nossa escrita com a perspectiva do leitor. Se você não extrair mais nada deste livro, esperamos que pelo menos se lembre de perguntar a si mesmo "Como posso facilitar isso para o leitor?", sempre que escrever. Garantimos que fazer isso ajudará você e seus leitores. E, de alguma forma, talvez pequena, mas talvez grande, ajudará a tornar o mundo um lugar mais gentil, mais acessível, mais produtivo e mais conectado.

Checklist

Escrevendo para leitores apressados
Seis princípios

1 | **Menos é mais**
---

1. Use menos palavras.
2. Inclua menos ideias.
3. Faça menos solicitações.

2 | **Facilite a leitura**
---

1. Use palavras curtas e comuns.
2. Escreva frases diretas.
3. Escreva frases mais curtas.

3 | **Torne a navegação fácil**
---

1. Torne as principais informações imediatamente visíveis.
2. Separe as ideias distintas.
3. Coloque as ideias relacionadas juntas.
4. Ordene as ideias por prioridade.
5. Inclua títulos.
6. Considere o uso de recursos visuais.

4 | Formate sem exagero

1. Adéque a formatação às expectativas dos leitores.
2. Realce, use negrito ou sublinhe as ideias mais importantes.
3. Limite sua formatação.

5 | Explique por que é importante

1. Enfatize o que os leitores valorizam ("E daí?").
2. Enfatize quais leitores devem se importar ("Por que eu?").

6 | Facilite a resposta

1. Simplifique as etapas necessárias para agir.
2. Organize as principais informações necessárias para a ação.
3. Minimize a quantidade de atenção necessária.

Agradecimentos

Embora "menos é mais" seja um princípio central da escrita eficaz, mais é melhor quando se trata de desenvolver um livro. Nossos mentores, colegas, alunos, amigos e familiares têm nos ajudado continuamente ao longo do caminho. Por isso, somos imensamente gratos, e a ciência de escrever para leitores apressados é imensamente melhor.

Agradecemos a paciência, o incentivo, as ideias e a inspiração das pessoas listadas aqui — e das muitas outras que compartilharam seus pensamentos e seu tempo. Toda a sabedoria contida neste livro se deve a vocês. Todos os erros são nossos.

Família e amigos: Sara Dadkhah, Caroline Rogers, Fletcher Rogers, Ami Parekh, Andy Kucer, Brian Kucer, Chris Koegel, Emily Bailard, Kirk Allen, Matt Wessler, Nat Bessey, Sharon Wong, Ted Satterthwaite e Wil Harkey.

Mentores, colegas e colaboradores: Allison Brooks, Angela Duckworth, Arielle Keller, Bobette Gorden, Carly Robinson, Carmen Nobel, Cass Sunstein, Chris Mann, Danny Oppenheimer, Dave Markowitz, Dave Nussbaum, David Nickerson, Dolly Chugh, Elizabeth Linos, Evan Nesterak, Hedy Chang, Hillary Shulman, Hunter Gehlbach, Jeff Seglin, Julia Minson, Katy Milkman, Lauren Keane, Leslie John, Max Bazerman, Mike Norton, Nancy Gibbs, Nick Epley, Robert Cialdini, Ros Atkins, Sendhil Mullainathan, Sharad Goel, Sidney D'Mello, Taylor Woods-Gauthier, Zak Tormala e todos os nossos incríveis alunos e as organizações parceiras.

Profissionais fenomenais que ajudaram a transformar ideias vagas em um texto prático: Abigail Koons, Alexis Burgess, Celeste Fine, Corey Powell, Harsh Vardhan Sahni, John Maas e Kelly Yun.

Por fim, a equipe da Dutton: Grace Layer, Stephen Morrow, Tiffany Estreicher e Alice Dalrymple. Obrigado por seu comprometimento com este projeto e por sua paciência com o processo.